Esta publicación es proporcionada por:

Libertad en los Ministerios de Jesús

Una corporación no lucrativa 501 (c) 3

www.fijm.org

info@fijm.org

RELIGIÓN DE LA CASA DE LA CÁRCEL

De Parque Avenue... y el Banco del Parque... a la Cárcel

Una xperiencia verdadera de un internado

Stephen E. Canup

Versión Extendida

Donado por CLI Prisión Alianza
Box 97095 Raleigh NC 27624
¡Escribenos una carta hoy!
Inscribirse en el estudio bíblico de CLI.

Agradecimiento especial:

Reverendo John y Andi Bayer

de

"Libre al fin" ministerios de la prisión, LLC

www.freeatlastprisonministries.org

RECONOCIMIENTOS

Todos necesitamos un mentor espiritual maduro y socio de confianza de la rendición de cuentas. Me encanta y apreciao a Don Castleberry por cumplir este papel para mí. Su confianza, tiempo y compromiso para mí han sido invaluables. Él y su esposa, Donna, se han convertido en algunos de mis mejores amigos.

Reverendo Don Castleberry es fundador y Presidente, libertad en los ministerios de la prisión de Jesús. Más información sobre este Ministerio ungido de la prisión de www.fijm.org; o escribiar a Don padre Ministerios Liberta en Jesús, P.O. Box 939, Levelland, TX 79336.

Agradecimiento especial a Kevin Rhoads, Sueño Taxi Media + comercializacion, por el título del testimonio personal de Stephen, que también se convirtió en el subtítulo de este libro. Para más creativo y comercializacion asistencia póngase en contacto con Kevin Rhoads: kevin@creativeguy.com

Adicional gracias a Rico Vega, Grant Willingham y Taylor Sutherland, Grupo Slate, por la asistencia en diseño creative. También, agradecimiento especial para Angella Jordan, Rpresentante de cuentas, Groupo Slate, Lubbock, TX. Para más información sobre los servicios de Grupo Slate, comunicase con Angella Jordan: angella@slategroup.com

También se expresa agradecimiento por los servicios de impresión adicionales en Perfection Press. Para obtener información, póngase en contacto con Robert Riggs, rriggs@printedperfection.com.

TABLA DE CONTENIDO

INTRODUCCIÓN

"Casa de la Cárcel de Religión" – Todos hemos escuchado ese término – generalmente negativamente.

En el "mundo libre" los creyentes y los incrédulos por igual asumen generalmente un "recluso" que profesa seguir a Cristo Jesús hace para intentar negociar con Dios para una liberación anticipada; oh, para convencer a su familia y la Junta de libertad condicional que han cambiado cuando tal vez realmente no. A veces son correctos los supuestos de los "ciudadanos del mundo libre".

Detrás de la alambrada de rastrillo, barras de acero y muros de concreto de la cárcel y prisiones, los presos cristianos son a menudo objetos de sarcasmo y ridículo por otros reclusos e incluso algunos de los oficiales correccionales.

Cristianos encarcelados regularmente escuchan, en burlas silbidos y abucheos, burlas como éstas:

- "Oye hombre, usted no tenia lectura de Biblia en la calle, ¿Cómo es que estás leyendola ahora aquí?"

- "Oye predicador, nunca te vi ir a la iglesia en el mundo libre, por qué vas a ésos Servicios de Capilla y clases aqui?

Cuando yo estaba encarcelado, a muchas veces escuché todas esas preguntas, burlas y críticas de otros antes de que había entregado mi vida a Jesucristo (y aún más con frecuencia cuando estaban dirigidas a mí después que realmente me salvé). Antes de ir a la cárcel pensé que todas esas conversiones de cárcel casa sobre que había oído eran falsas. Seguramente, "Religión de la Casa de la Cárcel" era sólo una imitación barata de lo real.

Estaba mal – muerto equivocado. La "Casa cárcel Religión" puede ser "lo real". Lo sé. Jesús me encontro en la prision, roto, golpeado, atado, traicionado y reventado. Pero él me salvó y me cambió para siempre.

Esta es mi historia...

EL HOMBRE VIEJO
Seis meses antes de prisión (2007)
Stephen Canup

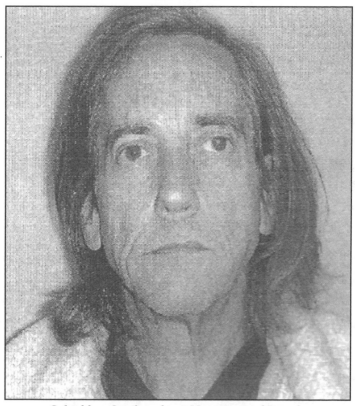

Culpable y Condenado na Muerte por el Pecado
Romanos 6:23 "Porque la paga del pecado es muerte..."

Culpable de estos pecados contra Dios, otros a mi mismo:

Adiccion a drogas, alcohol, sexo, pornografía, alabanza de los hombres, trabajo

Orgullo	Juicio	Robo
Preocupes	Odio a sí mismo	Adulterio
Miedo	Resentimiento	Identidad sexual
Depresión	Lamento	Confusión
Desesperanza	Furia	Mentiras
Ansiedad	Avaricia	Vanidad
Blasphemias	Depravación	Intelectualismo
Fornicación	Reprobación	Humanismo
Deseos lujuriosos	Inperdónable	Vergüenza
Perversión	Inmoralidad	Remordimiento
Idolatría	Abuso propio	Culpa
Egoísmo	Amargura	Delitos

La vida pecaminosa y maldita que yo vivía antes de la prisión resulto que yo quedara:

- Sin hogar, viviendo en las calles de Nashville, TN, durante 3 años antes de prisión.
- Desempleado durante 7 años antes del encarcelamiento.
- Arriuinado después de haber archivado bancarrota dos veces.
- Indigente con todas mis posesiones terrenales en un colgante bolso de ropa en la habitación de propiedad de la cárcel esperando el día de mi liberación.
- Desolado después de haber abandonado todos los familiares y amigos, dejándome solo y totalmente abandonado.
- Depremido profundamente por estas condiciones de vida que había intentado suicidio varias veces.
- Dsesperado y absolutamente convencido nada alguna vez cambiaria o estaria mejor de alguna manera.

EL "HOMBRE NUEVO"

Un año después de la prisión (2012)
Stephen Canup

Un hombre libre – vivo en Cristo
...pero el regalo de Dios es vida eterna en Cristo Jesús Señor nuestro. "
Romanos 6:23

"Yo he sido crucificado con Cristo y ya no vivo, sino Cristo vive en mí. La vida ahora vivo en el cuerpo, vivo por la fe en el hijo de Dios, que me amó y se entregó por mí" (Gal. 2:20)

"Por lo tanto si cualquiera (esta) en Cristo, el Mesías, es (nueva criatura en conjunto), una nueva creación; ha muerto el viejo (anterior condición moral y espiritual). He aquí, ha llegado el fresco y nuevo!
(II Cor. 5:17, AMP)

"Así que, si el Hijo establece libre, serás verdaderamente libre" (John 8:36)

La nueva vida en Cristo, que comenzó en prision en 2009!!! ha traído muchas bendiciones. A partir de principios del 2017 algunas de estas realidades de la vida abundante incluien:

- MI Renacimiento Espiritual 20 de abril de 2009!!!!!!
- Restablecido las relaciones con cada miembro de la familia.
- Un socio mentor y rendición de cuentas, Don Castleberry, que habla la verdad en amor.
- La aceptación en lugar de rechazo.
- Alegría y esperanza en vez de depresión y desesperanza.
- Propósito y pasión para ayudar a liberar a otros.
- Paz, audacia y confianza en lugar de ansiedad y miedo.
- La justicia de Cristo Jesús en lugar de perversión y depravación.
- Amor y compasión por los demás en vez de egoísmo y odio a sí mismo.
- Libertad de adicciones al alcohol, drogas, pornografía, humar y juegos de apuestos.
- Una lengua de bendiciones y respeto en lugar de orgullo, la crítica y la blasfemia.
- Un corazón tierno, nuevo en lugar del viejo corazón de piedra.
- Volver a hecho para ser un dador alegre de diezmos y ofrendas.
- Una hermoso casa, de tres dormitorios, dos baños proporcionan valores excepto utilidades.
- Dos vehículos último modelo me dieron en perfectas condiciones con kilometraje bajo.
- Una casa llena de muebles buenos y un armario lleno de ropa buena.
- Libre de deudas, con también algún dinero en ahorros.
- Una mente renovada de los malos efectos de las adicciones y la depresión.
- Buen estado de salud.
- Maduros cristianos que puedo llamar para oración o un consejo a cualquier momento sobre cualquier cosa.
- Autorizado y ordenado en 2012 como ministro del Evangelio de Jesucristo.

RELIGIÓN DE LA CASA DE LA CÁRCEL
¿"Lo Real" OH "Una imitación Barata"?
Stephen E. Canup, de 2010, mientras encarcelado

"Religión de la Casa de la Cárcel"... ¿Cuántas veces hemos oído esa frase? Es generalmente de una manera burlona. ¿ Es "lo real" o "una imitación barata"?

¿Puede alguien realmente encontrar a Dios en una cárcel o prisión? ¿ Dios esta suficientemente cerca de nosotros para escuchar nuestro clamor sincero? ¿ Podemos realmente ser escuchados por él cuando nos cometemos, o volver a dedicar, nuestros corazones, para caminar con Cristo? ¿Qué dice Dios sobre la gente como nosotros en su palabra? puede usar el un convicto, que convierte su vida, para avanzar la causa de su Reino?

Sabemos lo que la "sociedad", dice y piensa de nosotros, nos llaman inadaptados, marginados y delincuentes de carrera. En su mayor parte, que nos desprecian. Piensan que somos inútiles, peligrosos y no ser capaz de cambiar nuestras maneras. Están avergonzados de nosotros, nos tienen miedo y les gustaria olvidarnos. Cuando nos encerron estamos "fuera de vista, fuera de la mente". Estamos en la parte inferior de la escala social – como el fondo de un pozo vacío oscuro con ninguna oportunidad de elevar hacia fuera. ¿Que tan bajo podemos ir y todavia encontrar a Dios?

Cuando estamos tan bajos como podemos ir y pensamos que la única "luz al final del túnel" es un tren dirigido a nosotros, ¿qué hacemos? ¿Cuando finalmente despiertamos un día y realizamos de que estámos enfermos y cansados de estar encerrados una y otra vez debido a nuestras propias acciones estúpidas, decisiones equivocadas y las adicciones, a quien buscamos?

¿No es este el momento y lugar que hace más sentido a clamar a Dios? Pensar en la historia del "Hijo pródigo" – fue a comer, a dormir y trabajar entre los cerdos en el lodo y barro. La Biblia dice en Lucas 15:17, que finalmente "llegó a sus sentidos", vio el error de sus caminos, deseo el perdón, y voltio para regresar a casa de su padre. a veces, A veses Dios utiliza la peor de las condiciones en el fondo de nuestro propio pozo cenagoso para llamar nuestra atención. Salmo 118:5 dice, "en mi angustia clamé al Señor, y él me respondió estableciendo me libre.

En Lucas 19:10, Jesús dijo "... el vino a buscar y a salvar lo que se perdió." Los líderes religiosos del día querían saber por qué él comia con y ministró a los "pecadores". ¿ Donde están un montón de nosotros perdidos pecadores? Encerrados en la cárcel. Jesús nos busca para salvarnos!

Aquí estamos en nuestra mente justo y sobrio. Somos "todavía". Si escuchamos, podemos oirlo aquí!

Busca al Señor

Dios nos dice que si le buscamos (ver duro para él), si lo encontramos! No importa donde estamos, qué edad tenemos, cuáles son nuestros problemas – si le buscamos, lo encontraremos.

Es. 55:6-7 - "Buscad al Señor mientras puede ser hallado: invocadlo mientras está cerca. Que los malvados abandonan su camino y el mal hombre sus pensamientos. vuelvase el Señor, y él tendrá misericordia de él y a nuestro Dios, para que libremente sea perdónado. "

Jer. 29:11-14 - "porque yo sé los planes que tengo para ti, dice Jehová, planes de bienestar y no para dañarte, planes para darte esperanza y un futuro. Entonces se me invoca y venir y orar a mí y yo os escucharé. Me buscaréis y me hallaréis cuando me buscas con todo tu corazón. Será encontrado por usted, dice Jehová y le traerá de regreso del cautiverio... "

En otras palabras, cuando buscamos a Dios con todo nuestro corazón que nos encontraremos con él – incluso cuando nosotros estamos encerrados.

Estamos en Buena Compañía

A lo largo de toda la Biblia, una y otra vez, nos encontramos con algunas de las personas más inverosímiles para cumplir su voluntad para avanzar su reino de Dios. Ha usado asesinos, adúlteros, ladrones, humildes pastores, odiados cobradores de impuestos; y muchos de ellos, en un momento u otro, estaba en algún tipo de confinamiento o cautiverio.

Pero estos hombres se arrepintieron, comprometiendo sus vidas a Dios y clamaron a él de sus propias circunstancias miserables. Gente como Pedro, Paublo, Samson, Santiago, Juan el Bautista, José, y Jeremías habían sido encarcelado al igual que nosotros. Líderes como Moses, David y Jacob – que eran los asesinos, adúlteros y ladrones - fueron utilizados poderosamente una vez llamaron a Dios y se convirtió su vida de nuevo a él. Incluso Jesús fue arrestado y llevado a juicio.

Dios no se preocupa de su registro. a diferencia de los hombres, Dios no discrimina a los trillados de abajo, los humildes, los olvidados – los que están etiquetados como delincuentes, presos, convictos y reclusos.

Dios tiene un Amor Especial Para Personas como Nosotros
Dios debe tener un amor especial y atención reservada para gente como nosotros, prisioneros, convictos, reclusos y cautivos. De hecho, concordancia Strong lista más de 340 versos donde la palabra "prisión", "prisionero", "cautivo" o cautiverio "es una palabra clave.

Por ejemplo:
Salmo 102:19-20 – "El Señor miró hacia abajo... del cielo... para oír los gemidos de los prisioneros..."

Salmo 69:33 – "... El Señor no desprecia a su pueblo cautivo..."

Salmo 146:7 – "El Señor pone presos libres."

Zac. 9:11-12 – "Liberará a sus prisioneros desde el foso sin agua... Oh prisioneros de esperanza; incluso ahora anunciare que restaurare dos veces como mucho a usted."

Matt. 25:36 – Jesús dijo, "... En la cárcel y vino y me visitaron."

Y en una de sus primeras conversaciones en la sinagoga, después de que Satanás lo tentó en el desierto, Jesús citó:

Es. 61:1 "...el Señor me ha ungido para predicar buenas nuevas a los pobres. Me ha enviado a vendar al quebrantado, para proclamar la libertad para los cautivos y liberar de la oscuridad para los presos... "

Jeremías, uno de los más importantes y santos profetas en el Antiguo Testamento, fue acusado falsamente y lo llevaron como un prisionero el fondo de un oscuro cisterna – un agujero como un pozo – escuro, húmedo, y profundo en la tierra.

Jer. 38:6 – "Entonces tomaron a Jeremías y le pusieron en la cisterna... bajaron a Jeremías por sogas en la cisterna; que no hay agua en él, solo lodo, y Jeremías se hundía hacia abajo en el lodo.

Pero Dios no lo dejo allí! Más adelante, en **Jer. 38:11-13**, Dios usó un gobernante babilónico, un enemigo, para apelar al rey en nombre de Jeremías. Él obtuvo el permiso para estirar y sacar a Jeremías del hoyo, no mucho antes de que él hubiera muerto de hambre.

Dios tiene un montón de experiencia estirando gente pra ariba
Tal como lo hizo por Jeremías, Dios tiene un montón de experiencia estirando gente para arriba de su propio pozo cenagoso, oscuro, humedo y hoyo profundo. David, un hombre conforme al corazón de Dios, debe haber sabido exactamente como era. Si usted se puede ver en la experencia del "pozo de David":

Salmo 69:1-3, 5, 14-17 – "Sálvame, oh Dios, porque las aguas han llegado hasta mi cuello. Yo me hundo en el fondo cenagoso, donde no hay ningún equilibrio. yo he venido en las profundas aguas; las inundaciones me engullen. Estoy agotada pidiendo ayuda; mi garganta está reseca. Mis ojos me fallan, en busca de mi Dios... Sabes mi locura, oh Dios; mi culpa no se oculta de ti... Rescátame del lodazal, no dejes que me hunda; Líbrame de los que me aborrecen, de las aguas profundas. No dejes la crecida me engullen las profundidades me traguen para arriba o el hoyo cerca de su boca sobre mí. Respóndeme, oh Señor, de la bondad de su amor; en su turno de la gran misericordia para mí. No lo ocultes tu rostro de tu siervo; contestame rápido, porque estoy en problemas".

Salmo 40:1-4a – "Esperé pacientemente al Señor; Se volvió hacia mí y oyó mi clamor. Él me sacó del hoyo fangoso, fuera del fango y cieno; Puso mis pies sobre una roca y me dio un firme punto de apoyo. Puso una nueva canción en mi boca, un himno de alabanza a nuestro Dios. Muchos ven y temen y confían en el Señor. Bienaventurado el hombre que hace el Señor su confianza..."

No sólo será Dios tu rescate y levantarte de tu propio pozo, pero puede usar su ejemplo, su historia y su testimonio para traer a otros a él!

"No estabas leyendo la Biblia en la calle"
Mayoría de la gente no sabe lo que estas escrituras comentan acerca de los presos lo importante que son para Dios y su obra, y cuánto los ama. Por lo tanto, muchos reclusos insultan a los cristianos con cosas como, "No estabas leyendo la Biblia en la calle"; oh, "No ibas a la iglesia o servisios de Capilla antes de que te encerraron a"; o, "hombre, eso es solo la vieja religión de la casa de la cárcel, se va desgastando muy pronto. No es real. Es la misma vieja cosas falsas que hemos visto antes. "

En cierto modo tienen razón. No sé ustedes, pero si yo había sido yo atrapado en la palabra de Dios en lugar de mis adicciones, probablemente yo no habría terminado aqui, Si yo fuera ido a la iglesia cada semana en vez de salir a mendigar, pedir prestado o robar lo suficiente para mi próximo éxito, probablemente no habría terminado aquí. estoy enfermo y cansado de lugares como este. yo quiero ser un hombre mejor para mi familia. Necesito a Jesús. necesito cambiar. yo quiero cambiar.

¿Tienes "lo Real"?
"Religion de la Carcel" puede ser "lo real" o "una imitación barata". Todos nos hemos visto de imitación, productos de "knock-off" falsos zapatos de tenis Nike, imitación de Air-Jordan, falsos bolsos de diseñador como Gucci, etc. usted puede ver las falsificaciones a lo largo del tiempo, tal vez no tanto al principio, pero con el tiempo la imitación se rompe, cae aparte y es tirada a la basura. Ya no la usamos. Llega a estar claro por qué era tan barata para comenzar.

A diferencia de cuando nos podríamos haber sido engañados en la compra de una falsa "Imitacion", en nuestra nueva relación con Dios, determinamos, a través de nuestras propias acciones, hábitos y creencias, si conseguimos "lo real" o "una imitación barata". Cómo será entre otros, ser capaz de decir si nuestra propio personal ¿experiencias con resultado de la "Religión de la casa de la cárcel" es "lo real" o simplemente "una imitación barata"?

Vamos a comparar algunas de las características de cada uno:

"Lo Real"	VS	"Una Imitación Barata"
• Tratamos de ser serios y siempre intentar hacer lo correcto.		• Somos "otra vez, apagado otra vez", incoherente, como si nos estamos "jugando con Dios".
• Asignamos regular y significativo tiempo diario a la Palabra de Dios.		• Somos demasiado cansado o demasiado ocupado para tratar de leer incluso una página de devocional de "Nuestro Pan de Cada Día".
• Las personas notan cambios buenos, positivos en nuestra forma de hablar y actuar.		• Por cierto como hablamos o actuamos, nuestros amigos nunca podrían saber o incluso imaginar que estamos siguiendo a Cristo.
• Tenemos alegría verdadera, paz y amor más genuina.		• Aún nos aferramos de la ira, la depresión y el odio.
• Cuando ya estemos en liberta, nuestras Biblias y Dios van con nosotros.		• Cuando nos dan liberta dejamos nuestras Biblias atras de nuestras literas oh una de las mesas. Dejamos a Dios atrás tanbien.
• Después de la liberta, encontramos un buen pastor, unirse a la iglesia y asistir fielmente.		• Después de la liberación, nos seguimos "con la intención de" ir a la Iglesia pero nunca conseguimos ir.
• Tener comunión diaria con otros cristianos y encontrar un grupo de estudio bíblico para desafiarnos.		• Derecho volvemos a nuestros viejos amigos y pasar el rato en los mismos lugares.

Elegir lo Verdadero

Personalmente, yo quiero "lo real". Dios captó mi atención. quiero el resto de mi vida ser lo contrario de mi pasado reciente. Yo no quiero seguir viniendo aquí.

Dicen que locura es hacer la misma cosa vieja una y otra y otra vez y esperar resultados diferentes. Yo podría estar loco, pero no soy un demente! Cuando finalmente" vine a mis sentidos" después de mis primeros diez meses de encarcelamiento, como el "Hijo pródigo", yo quería volver a mi Padre celestial. Decidí que iba a hacer algo diferente, por lo que podría ser diferente, por lo que finalmente podría hacer una diferencia en mi propia vida, la vida de mi familia y en mi comunidad.

Cuando se trata de la "Religión de la Casa de la Cárcel", quiero "Lo Real" – una relación personal con Jesucristo como mi Salvador y Señor! Cada uno de nosotros llega a tomar nuestra propia decisión. ¿ Has hecho esta decision tu? ¿Ha decidido ir "todo por lo todo" por Jesús?

Ser alientado, se fuerte, se bendecido – elige "Lo Real"! No hay mejor tiempo para clamar a Dios. Él te escuchará. Su palabra dice que eres especial para él. Nosotros te ayudamos. Te ama dondequiera y como estes, y donde estas sin embargo ahora. No tienes que "cambiar" antes de que encuentres a Jesús. El te cambiara si lo dejas. nomas ve con él. Él se encargará del resto.

DE PARQUE AVENUE...
AL BANCO DEL PARQUE... A LA CÁRCEL
Un testimonio Personal de gracia y misericordia de Dios
Stephen E. Canup

Nunca soñé mi testimonio de vida incluyera un período de casi tres años de prisión a la edad de 56. Sin embargo, realmente no estaría sorprendido puesto que le había corrido a Dios y vivia contra él, por 20 años. De hecho, yo realmente no le habia sirvido durante 40 años. ¿ Cuando se me preguntaba, le dije a otros yo era "cristiano", pero quien creo yo que estaba de broma? Yo me engaño solo y cosechó lo que sembre (Gal. 6:7-8).

Sólo puedo culpar a mí mismo. Solo acepto plena responsabilidad por mis acciones. Definitivamente yo no culpo a Dios. El no provoco esto. Él no me dejo ni me abandono, yo fui el que lo dejó. Ni puedo culpar mi "ambiente" o a mi familia. Me crié en un hogar de clase media en un buen barrio por ambos padres que eran cristianos dedicados. No puedo culpar a la sistema de justicia. Como un delincuente de primera vez, yo nunca habría incluso sido bloqueado por casi tres años si había inicialmente sólo obedecído los términos de mi libertad condicional.

Fue mi culpa. Me entregó a las tentaciones mundanas, búsquedas y placeres. Mis adicciones a drogas, alcohol, sexo y pornografía solo fueron peor. ¿ Primero donde "me fui mal"?

En la Cima del Mundo

Veinte años antes, estaba viviendo "el Sueño Americano". Yo lo que tenía en los ojos del mundo, era una vida maravillosamente exitosa. En 1987, a los 35 años, estaba en la parte superior de mi profesión como contador público ganando un salario en las seis cifras. tenía una oficina en el piso 27 de un alto edificio de oficinas en Parque Avenue en Nueva York. Era socio de la firma contable más grande del mundo. Yo había sido bendecido con una esposa de Dios y un hijo sano. Pronto tendría una nueva casa construida. Los vehículos que condujimos no tenían préstamos contra ellos. Mi historia de crédito era impecable. Tenía tarjetas de crédito con más crédito disponible de $100.000 y, salvo la hipoteca que tendría en nuestra nueva casa, estaba totalmente libre de deudas de consumo. Por cualquier norma mundana, "estaba "en la cima del mundo".

Exterior, yo era la definición de éxito. Interiormente, sin embargo, estaba perdido, aburrido, vacío e inquieto (Ec. 2:10-11). yo era adicto al dinero, orgullo y éxito. He vivido mi vida para obtener la aceptación y la buena opinión de los demás. Yo me doy cuenta ahora tenía todo pero la única cosa que importaba, yo no tenia a Jesús. No estaba agradecido. No tenia deseos de buscar a Dios. Pensé que yo era sabio, pero fui un tonto (Rom. 1:21-22). Mi vanidad, impaciencia, codicia, egoísmo y orgullo estaban a punto de destruir mi vida (Prov. 16:18).

La larga Ruina Espiral

En 1989, de repente, tontamente y egoístamente dejó mi esposa y mi hijo para perseguir los deseos mundanos, fama y riquezas en el negocio de la música de Nashville. Me convertí en mi propio "Dios", decidido a crear y controlar mi propia vida. Esta vanidad y orgullo necio, Dios me dio a mis propios deseos, pasiones y adicciones. Fue un descenso gradual, pero constante, más de 20 años en el pecado, la depravación y la reprobación (Rom 1:24-32).

No pasó mucho tiempo para ver que yo había hecho un error fatal. Tratando de "romper" la música negocio editorial y escritura era casi imposible. Las probabilidades de éxito para mí eran casi lo mismo que me compitiera en Hollywood por una parte en una película contra los agentes establecidos como Brad Pitt, Leonardo DiCaprio o, en aquel entonces, Tom Cruise. Qué estúpido fui. Por primera vez en mi vida había fracasado – y falle miserablemente. Todo el dinero que tenía y todo que podía pedir prestado, se habían invertido tonta mente. Yo lo perdi todo.

Experimenté las adicciones al alcohol, marihuana, cocaína de la grieta, juegos de azar, sexo y pornografía. Durante muchos años, estaba severamente y casi continuamente en profunda depresión y el suicidio a menudo contemplada. Hubo varios intentos de suicidio fallidos. Sin reparo, he participado en casi todas las formas de inmoralidad sexual y perversión. Estaba an una ruina espiritual, mental, emocional y financiera. Presente bancarrota dos veces. Me diagnosticaron como teniendo desorden bipolar.

Era tan vacio dentro durante tantos años. A pesar de todo lo que yo intentaba, nada llenaba el vacío en mi alma. me sentía indigno de amor y, con el tiempo, había empujado lejos cada miembro amigo y familia. estaba sin esperanza y sin Dios en mi mundo (Ef. 2:12).

Entre 2002 y 2008, estaba desempleado y existia solamente por la bondad de los extraños y un amigo, que me amó a pesar de mí mismo. Él me permitió permanecer gratuito con él durante tres años. Finalmente incluso lo aleje tambien a el. Incontre un apartamento y un trabajo menial durante unos meses (después de que ya no podía quedarme con él), pero pronto fui despedido y sin hogar. Era 2006.

Vivía en una carpa en una ladera boscosa subdesarrollada en Nashville del Sur 1 año y . Entonces viví 6 meses en la misión de rescate de Nashville – un refugio para personas desamparadas para los hombres. yo estaba allí cuando fui arrestado en Mayo de 2008, por violar los términos de mi libertad condicional. Mi sentencia probate de seis años fue revocada y me enviaron a la cárcel de media seguridad de CCA-Nashville para servir mi tiempo.

La vida parecía totalmente desesperada, y me convencí de que nada nunca conseguiría mejor. Para mí, mi vida terminó, pero un Dios misericordioso y amoroso me rescató a pesar de mí mismo. Gracias a Dios, que él aún no habia terminado conmigo. Veo ahora que él tenía su propio plan para mi vida, pero él no comenzaría a revelarla hasta que finalmente me di cuenta y admiti que un lío y fracaso yo había hecho después de que me hice "Dios" de mi vida. Que yo tenía que humillarme y someterme ha el, tenia que entregarme.

Religión de la Casa de la Cárcel

Como con seguridad puedes concluir por ahora, yo definitivamente yo no seguia a Jesús antes de ir a prisión. No lo encuentre en la cárcel. El no estaba perdido. Era yo. Él me encontró.

Mi primer acto de presentarme fue a pedir una Biblia al Capelláno– un nuevo testamento de Gedeón que leo todos los días durante unos 15 minutos. Recuerdo cómo vacilante que estaba al principio y abiertamente leer mi Biblia ir a servicios de Capilla. Ya había oído un montón de comentarios acerca de otros cristianos en prisión en relación con la "Religión de la casa de la cárcel". Por lo tanto, para los primeros diez meses sólo leí mi Biblia en privado durante unos minutos cada noche. No atiendo servicios de Capilla. Yo via Television, me pasaba jugando cartas y leer un montón de novelas de espías y westerns. Nada de esto logró sacarme de mi depresión profunda o hacer cualquier cambio positivo en mí. Tiempo pasaba lentamente.

Finalmente me di cuenta que había llegado abajo. No pude ir mas bajo. Lo había perdido todo. Me sentí absolutamente desesperado. Encima de todo, mi crimen fue "solicitación de un menor de edad" – un cargo que tomé durante un tramo de cinco días sin dormir alimentado por mis adicciones a cocaína, alcohol y pornografía. Hice algunas cosas increíblemente estúpidas resultando en mí ahora estar marcado como un "delincuente sexual". Ahora me doy cuenta Dios no ve un pecado peor que otro, pero mi desesperación me hizo verlo solamente en la forma en que es visto por la sociedad.

Después de 10 meses de prisión, finalmente "llegue a mis sentidos" como el hijo pródigo (Lucas 15:11-24). Cuando finalmente me rindo a Dios y gritó en verdadera humildad y quebrantamiento, me escuchó. Él me sacó del hoyo cenagoso de desesperanza y desesperación. Puso mis pies sólidamente en su roca - Jesús (Salmo 40: 1-3).

El 20 de abril de 2009, mi cumpleaños 57, le re-dediqué mi vida a Jesucristo. Fui re-bautizado mientras estaba en la cárcel también. Había confesado mis pecados, arrepentido sinceramente y pedi a Jesús que tomara mi vida. Qué pesada carga de culpa, vergüenza, remordimiento y la vergüenza que había estado llevando. Como finalmente presentó a él, estas cargas se despegaron de mi alma y espíritu.

A pesar de que todavía estaba encerrado, era "libre en el interior". Jesús se convirtió en no solo mi Salvador, pero lo hize de verdad mi Señor y lo puse a cargo. Decidí que me iba a ir "todo dentro todo hacia fuera" por Jesús - una decisión que nunca me arrepentído, ni siquiera por un minuto!

Cuando comencé a leer la Biblia, sentí convencido de que a través de Jesús, podría ser mi futuro totalmente nuevo y diferente de mi pasado. Cuando me di cuenta de que Dios podría encontrarme y cambiarme aun en la cárcel, quería saber tanto como podia perseguir una relación con él. Ignoraba los comentarios despreciativos y sarcásticos sobre la "Religión de la Casa de la Cárcel"; "No ibas a la iglesia antes de llegar aquí, porque vas a los servicios de Capilla, Nino de Coro?"; y "No leer la Biblia en la calle, ¿por qué estás leyendo aquí?"

Yo sabía que Dios era real porque él me estaba cambiando poco a poco, pero totalmente, desde el interior. Los cambios que yo sentía no fueron "obligados" por mí, pero se que ocurren principalmente como resultado de pasar más tiempo deliberadamente en su palabra y en oración en su presencia.

Mi audacia y compromiso de buscarle disesperado aumento empecé a darme cuenta de cuantas veces la Biblia habla de "prisioneros" y "cautiverios". Me enteré de cómo muchos hombres Dios fue capaz de usar que una vez fueron asesinos, adúlteros, mentirosos, ladrones y réprobos. Muchos de ellos pasaron un tiempo como prisionero. Dios tiene una manera de mostrar su fuerza en la debilidad del hombre (II Cor 12:9-10)!

Comencé a ignorar todos los comentarios de los no creyentes que no querían cambiar sus vidas o circunstancias. Cuanto más tiempo que yo pasaba buscando a Dios, mas esperanza más, alegria y satisfecho me converti. Me nege la libertad condicional y decidi en su lugar cumplir mi condena. Los próximos 22 meses parecía volar después de que decidí tratar mis meses restantes en la cárcel como si fuera en "Colegio de Biblia" oh "Biblia Campo de Bota".

Sé, en mi caso, que la "Religión de la Casa de la Cárcel" era "lo real", no "una imitación barata". Los cambios en mí han sido permanentes, no temporales. En la cárcel, me comprometi con gastar, tiempo de calidad buscando a Dios todos los días y he seguido este tiempo diario con Dios desde mi liberación. Nunca he sido decepcionado en cualquier camino de mi búsqueda diligente de su sabiduría, conocimiento, comprensión y verdad (Heb. 11:6; PR. 9:10; Salmo 1:1-3; Jn. 14:6). Ahora, en vez de la opresiva carga espiritual emocional y pesada que había llevado por tan largo tiempo, el Espíritu Santo dentro de mí me ha llenado con la ligereza increíble de su fruto, más amor, alegría verdadera, gozo real, paz verdadera, mayor paciencia y autocontrol, etc. (Gal 5:22-25).

Perdón de Dios

Yo fui salvo como muchacho joven en una iglesia Bautista donde asistia mi familia. Sin embargo, para la mayor parte de mi vida yo no asistia a la iglesia o hacer cualquier intento serio de seguir a Jesús. Como ya se imaginarán, hubo muchas cosas que había hecho contra Dios. En el estado espiritual y emocional pobre que he vivido por tanto tiempo antes de volver a dedicar mi vida, creía que había "ido demasiado lejos y habia echo mucho" para que Dios me perdonara. Yo estaba superado con culpabilidad, remordimiento, arrepentimiento y vergüenza. ¿Te has sentido así?

Leí en un folleto por ministerios RBC, "El perdón de Dios", que "si creemos nuestras emociones, nos podemos sentir que hemos ido demasiado lejos. Nuestro auto desprecio parece merecido. Pero hay esperanza. Dios quiere que creamos en su capacidad para perdonar los pecados, que no podemos olvidar. " Nuestro Padre celestial esta enojado con el pecado, pero "su ira no es una negación de su amor... La verdad es que su amor es igual a su ira, y por su amor él encontró una manera de mostrar misericordia". Él envió a su hijo, Jesús.

Fue gran noticia para mí cuando me enteré de que mi pecado fue perdonado. Mi culpa fue quitada. Por un hombre, una vez por todas!

"Debido al alcance ilimitado de la muerte de Cristo en la Cruz, hemos recibido el perdón no sólo para los pecados del pasado, sino por todos los pecados – pasado, presente y futuro... El momento que confiamos en Cristo como Salvador, se nos da inmunidad del castigo. La cuestión es resuelta: nuestro caso está cerrado y Dios no abrirá los archivos de nuestra culpa otra vez. Así como los tribunales de tierra honran el principio de doble riesgo, cielo no juzgará dos veces aquellos cuyos pecados han sido castigados en Cristo. No seremos juzgados otra vez por los pecados que él llevó en nuestro lugar."

Jesús fue hecho pecado con nuestros pecados, para que nosotros podríamos ser hechos justos con su justicia. El padre declara como justo todos los que apelan a la muerte de Cristo como pago por su pecado. Ningún pecado es excluido. Somos salvos por gracia solamente a través de la fe en Jesucristo solamente. No hay nada en el universo más poderosa que la sangre de Jesús que quita nuestro pecado. Cuando no negamos el espíritu - y lo aceptamos por fe lo que Jesús hizo por nosotros - no hay ningún pecado (y ningún pecador) más allá del amor y el perdón de Dios. Mis muchos pecados fueron quitados! Este fue una realización "de adelanto" para mí. Yo sabía que podía empezar de nuevo. Encontré esperanza presente y eterna y la libertad en Jesús, cuando acepté el perdón del padre! ¿Has tu finalmente y totalmente aceptado su misericordia, amor y perdón?

Perdonar a Mí Mismo

Después de aceptar verdaderamente perdón del padre, él comenzó a mostrar la importancia de perdonar a mí mismo, para que mi pasado se quedara en el pasado. Así, podría ser sin cargas de la culpa, vergüenza, arrepentimiento, remordimiento y la deshonra que había llevado por tan largo. Cuando finalmente puse mi pasado detrás de mí, comencé a confiar en Dios un día a la vez con mi futuro (Phil. 3:13-14; Isaías 43:18-19).

Después de que había estado en prisión el tiempo suficiente para ser libre de todos los efectos físicos de mis adicciones, comencé a pensar más claramente. Fui honesto conmigo y con Dios. Me di cuenta que me odiaba por lo que había hecho para arruinar mi vida. Nunca culpe a nadie – solo me culpo yo de las malas decisiones hechas, uno y tras otro, que con el tiempo me llevaron a la cárcel. Yo estaba enojado con "mi" mismo "yo". Me odiaba. De hecho no podia mirarme en el espejo como era para resurarme o cepillarme los dientes porque estaba tan decepcionado por haber desperdiciado tontamente gran parte de mi vida, y por el mal uso de los talentos que Dios me había dado.

Había roto las relaciones con y empujado lejos, mis amigos y familia. Habiendo sido sin hogar durante la mayor parte de los tres años previos a mi encarcelamiento, me quede sin posesiones materiales nomas lo que estaba cerrado arriba dentro de un solo bolso colgante de ropa en la habitación de propiedad de la prisión. Y ahora yo era un delincuente convicto sexual. Me convencí que no había ninguna esperanza de que nada nunca talves mejoraria. Pensé que mi futuro nunca podría ser mejor que mi pasado.

Nunca olvidaré el primer brillo de esperanza que experimenté cuando comencé a aceptar el perdón del padre de mi y la eliminación de todo mi pecado – pasado, presente y futuro. Nunca había experimentado la paz, la libertad emocional y la liberación mental que sentí cuando él me mostró que debo perdonarme a mí mismo, así que podía confiar en él y moverme adelante como la "nueva criatura" me hizo cuando yo "Nací otra vez". Tuve que hacer una eleccion deliberada y determinada al "dejar el pasado ser el pasado".

Era claro para mí que Dios me había perdonado, pero no podía perdonarme a mí mismo. ¿ Te as sentido así?

Un día que leí algo que me hizo pensar, "si la sangre de Jesús fue lo suficientemente buena para Dios el padre que me perdonara, ¿no es lo suficientemente bueno para perdonarme a mí mismo? ¿Quién soy yo para exigir más de lo que Dios hace para perdón de pecados? Soy mejor o más importante que Dios?" Ciertamente que no!

Finalmente me di cuenta de que absolutamente nada pudiera hacer sobre el pasado. Culpa, vergüenza, arrepentimiento, remordimiento y vergüenza me habían aplastado durante demasiado tiempo. Me había paralizado con miedo, ansiedad y depresión, que me impidió seguir adelante. Me pegué. yo decidi, más que cualquier otra cosa, necesitaba y quería confiar en Dios con mi futuro.

Acepté la verdad de su palabra que el ya no tenía mi pasado contra mí. Me mostró que también tuve que dejar sosteniendo mi pasado contra mí mismo. Necesitaba aceptar su perdón, perdonarme a mí mismo, y sigir. ¿ Tu estas pegado? ¿Necesita también perdónate a ti mismo?

Dar y Recibir Perdón
En mi pecado, yo habia de una manera u otro ofendido toda mi familia y amigos. Había empujado o impulsado a todo el mundo. Cuando comencé a aprender sobre el perdón, sentí que tenía que pasar mi orgullo por lo que podía humillarme para pedir perdón a los que había ofendido que podría seguir adelante y contacto desde dentro de la prisión. Era al principio, mis dos hermanos y mi hermana pequeña. Sentí una carga que comienzo a levantarze fuera de mi cuando escribió y envió las primeras cartas pidiendo el perdón.

Fue una gran experiencia escuchar mi nombre llamado a"correo" por primera vez en los diez meses que había sido encarcelado. Mis dos hermanos rápidamente me respondieron y me avisan que no retenían nada contra mí. Expresaron su pesar por donde yo estaba y por qué estaba allí, pero también ambos preguntaron si podían hacer algo para ayudarme. Dios me mostró que sólo sería posible recibir el perdón de los demás si sólo humildemente pido.

Con mi hermana, sin embargo, tomó hasta después de que había sido liberado y caminando a fuera mi vida cristiana por un tiempo, antes de que ella me perdonó. Yo le había ofendido a más. Pero, alabado sea Dios, nuestra relación ha sido restaurada y estamos más cercanos que hemos estado en mucho tiempo.

Mi hijo tenia la misma forma. A pesar de las muchas cartas que escribí, que no respondió mientras que estaba encarcelado. Pero a los principios de 2013, dos años después de mi liberación, Dios arreglo una reunión maravillosa de reconciliación. ¡ Qué bendición!

Mientras continuaba el estudio de la palabra durante mi encarcelamiento, también aprendí que necesitaba perdonar a quienes me habían ofendido durante mi vida. Eso fue difícil al principio, pero me hize una decisión consciente que los perdone. Sólo me estaba perjudicando todos los malos sentimientos y deseos de venganza, que había estado llevando. Me decidí a darlo todo y dejarlo ir.

Lo que descubrí fue que cuando retenemos el perdón hacia alguien, causa una raíz de amargura en una-fortaleza para el enemigo. Como el siervo imperdonable en **Mateo 18:21-35**, nos volvemos nosotros mismos a "verdugos" de rabia, resentimiento, odio, genio y control – todo lo cual puede conducir a retaliacion, la violencia y incluso asesinato.

Una "semilla" de no perdónar plantada en la "tierra de dolor" nos da una "cosecha" de dolor. Aflige a nuestro espíritu, atormenta nuestra mente, y nos angustia emocionalmente. Todo esto, combinado con un deseo de venganza o represalia, nos hace daño - no la persona que nos ofendió. Muchas veces aún ni se dan cuenta de su delito. Esto ha sido comparado a beber veneno nosotros mismos, pensando que matará a la otra persona! Esto es locura y totalmente autodestructivo.

Una de la principal razones a que Jesús vino fue para que pudiéramos tener el perdón por su sangre. Una de las últimas cosas que hizo Jesús fue a clamar a Dios, pidiendo a su padre que perdone a los que le habían escupido, lo ridiculizaron, se lo golpieron, se burlaron y le clavaron en esa cruz. Estoy seguro que no "sentía" como perdonarlos, pero eso es lo que decidió hacer y oró a su padre de igual manera. También nosotros

debemos estar dispuestos a amar y orar por aquellos que nos han per-
judicado. Debemos estar dispuestos a perdonarlos. ¿No hay gente que
usted también debe elegir perdonar?

Libertad de Adicciones

Muchas personas en el "mundo libre" están en las autoimpuestas, y
en prisiones construidas por si mismo. Si estamos en una prisión real
detrás de alambre de rastillo, o no, gente de todas partes lucha con "adicciones" que afectan negativamente sus vidas - como orgullo, egoísmo,
depresión, ira, pornografía, alcohol, medicamentos con reseta, drogas
ilegales y muchos otros. Nosotros podemos haber sido esclavizados por
ellos durante muchos años. Sé que yo ya estava en una prisión del mío
de hace muchos años antes de realmente estar encarcelado.

A menudo, nosotros disfrutamos de comportamiento adictivo para tratar
de llenar el vacío que sientemos dentro o para evitar pensar y ocuparse
de las causas de las adicciones. En primer lugar, ocuparse de las cues-
tiones subyacentes es emocionalmente doloroso, y nuestra tendencia
natural es a evitar el dolor, incluso cuando es algo bueno como libertad
nos espera al otro lado. Pero la palabra de Dios es clara que Jesús tomó
todos nuestros dolor, vergüenza, culpa y pecado en sí mismo cuando
el colgaba en la Cruz.

Él tomó todas nuestras cargas a sí mismo por lo que podemos ser libres
vivir y caminar en la vida abundantemente bendecida que él planeó
para nosotros.

La mayoría de nosotros está familiarizado con la última parte del John
8:31-32, "conoceréis la verdad y la verdad os hará libre". Casi todos los
que han sido encarcelados han visto citado en tribunales. En realidad,
la verdad no me liberó; sino que me encerro!

No me daba cuenta que la libertad prometida como resultado de conocer
la verdad depende en el verso anterior con respecto a la obediencia a las
enseñanzas de Jesús. Si "tenemos" a su enseñanza que somos verdaderos
seguidores - la condición previa para "conocer la verdad". ¿Quién es la

verdad? **Jesús** (John 14:6). Eso significa que en la medida conocer, obedecer y seguir a Jesús, la verdad de sus enseñanzas nos ara libre!

Esto fue verdaderamente una nueva revelación de lo que siempre había sido un verso muy familiar, incluso a un "pagano"como fui una vez. Como estudié esto en algún momento después de mi liberación, el espíritu me hizo meditar sobre cómo esto se aplica a mí. Yo había determinado en 2009 para seguir a Jesús y radicalmente acer lo mejor obedecer sus enseñanzas. Sin duda estaba creciendo en el conocimiento de él como "la verdad" mientras estudio su palabra y pasó tiempo de calidad en su presencia todos los días. En consecuencia, desde hace algún tiempo, de hecho comprendí dentro de mi una libertad que nunca había experimentado antes (acompañado de alegría genuina de paz verdadera). Pero mientras pensaba más profundo acerca de esto me pregunté, "¿De que me libero la verda?"

El espíritu me impulsó a hacer una lista de opresiones, fortalezas y adicciones que una vez estaba en esclavitud, pero que ha hora he sido liberado. La lista que vio anteriormente en la página 3 de este folleto fue el resultado. Créanme, como Paublo, era "el jefe de los pecadores" – es una lista muy larga - y añido a élla como el espíritu revela. ¿Por qué he elegido a ser vergonzosamente directo y transparente con usted? Porque quiero que sepas que si Dios puede cambiarme a mi tan milagrosamente dentro y por fuera, el puede cambiar a cualquiera! ¿Quieres ya terminar para siempre siendo esclavo de antiguas fortalezas y a adicciones?

Yo soy verdaderamente libre de todas esas cosas y no he sido seriamente tentado a regresar a cualquiera de ellos porque yo rápidamente tomo cautivo cada "hombre viejo" pensamiento que triga el enemigo. Ahora sé que esos pensamientos y tentaciones del enemigo que me arroja diariamente todos pertenecen al "hombre viejo" que ahora está "muerto" (Romanos 6:6-7). Soy una nueva criatura (II Cor. 5:17)! Yo no dejo ha Satanás convencerme para resucitar ha ese hombre viejo, muerto! Por lo tanto, yo ahora experimento diariamente la libertad de una vida abundante, que fluye demasiado en Cristo! Sé quien soy en él ahora.

Esto solo se logra totalmente entregarme diariamente a la dirección del

Espíritu Santo en mi vida. Estoy muerto, y la vida que vivo ahora no soy yo, pero Cristo vive en mí, por su Espíritu Santo (ver Gál. 2:20). Si Dios puede salvarme y liberarme (y lo ha echo), él puede salvar a cualqiera y liberarlos de toda forma de esclavitud. Sí, esto realmente te inclui ha ti! Jesus nos ha liberado a nosotros para vivir una vida abundante. No sigan esclavizados. Deja que Jesús te libere y decide quedarte libre!

La clave para mantenerse libre

Una de las cosas más importantes que tuve que aprender para seguir siendo libre de adicciones, resistir las tentaciones y superar la depresión era cómo "llevar mis pensamientos cautivos a la obediencia de Cristo". Ver a II Corintios 10:3-5.

Según Joyce Meyers, el campo de batalla está en la mente! A veces puede parecer que luchamos contra probabilidades imposibles. El enemigo quiere que simple creeryas que es una batalla, y siempre es cuesta arriba. Pero yo quiero que sepas que Dios ya ha dado la victoria y es relativamente fácil de mantener. ¿Quieres saber el secreto?

A menudo oímos a personas decir "resistid al diablo y él huirá" (James 4:7b), pero muchos no se dan cuenta que el enemigo no tiene que huir primero "Si tu no te sumetes a Dios primero" (Santiago 4:7a); y entonces, después de resistir al diablo y sus demonios, nosotros debemos "Acercaos a Dios para que Dios se acerca a nosotros" (Santiago 4:8).

Así el secreto que he aprendido es a "someterme a Dios" primero en cuanto discerno los ataques del enemigo cuando él intenta sembrar sus mentiras engañosas y pensamientos en mi mente. Presentando primero a Dios puedo correctamente reconocer y resistir los pensamientos equivocados y llevarlos cautivos y rechazarlos y llenando mi mente en su lugar con los pensamientos de Dios.

¿Cómo funciona un "Someteos a Dios"? Por contradecir las mentiras, acusaciones y desesperanza del enemigo con la verdad, la aceptación y la esperanza eterna de la palabra de Dios. Debemos saber lo que Dios dice sobre nosotros en su palabra en orden para poder combatir con éxito y tomar cautivos lo que el enemigo dice sobre nosotros, o nos acusa con.

Y cuando confesamos la palabra de Dios acerca de nuestra situación que somos capaces de "Acercaos a Dios". ¿Esto no tiene sentido?

Por ejemplo, leemos en Lucas 4:1-14, que Jesús mismo contrarrestar las tentaciones del enemigo con éxito cuando llegó del desierto al reconocer la voz del diablo y responder a él con la palabra de Dios. Tenga en cuenta que la palabra Jesús utilizó fue muy específico al área de la tentación. Jesús sabía lo que la palabra dice y utilizo para luchar contra el enemigo. Nosotros debemos hacer lo mismo.

(Por cierto, ¿note usted que Jesús estaba lleno del espíritu y guiado por el espíritu, en el desierto; y, también estaba en el poder del espíritu que sale del desierto (Lucas 4:1 y 4:14)? Si Jesús tenían que tener el Espíritu Santo, así nosotros tambien! Como explicaré más adelante, el poder del Espíritu Santo es fundamental para nosotros en cada área de nuestro caminar en Cristo. Pero estoy divagando...)

¿Cuál es el secreto para conocer la verdad revelada en la palabra de Dios con respecto a sus pensamientos acerca de nosotros como "nuevas creaciones en Cristo"? Creo que el secreto es confesar diariamente en voz alta lo que dice la palabra de Dios sobre nosotros y a orar oraciones diarias personales pedirle al padre que nos ayude a aplicar la palabra a nuestras vidas en cada situación.

Permítame recomendarle algo. Mientras que yo estaba encarcelado, dos ministros diferentes me animaban a comenzar la práctica de cada día de acuerdo con Dios acerca de lo que su palabra dice acerca de mí y orar oraciones diarias poderosas, personales sobre mi vida. He escrito esto después de mi liberación, y estoy adjuntando al final de este libro para su revisión y uso.

Os animo a repetir estos diariamente durante seis meses, incluso si usted sólo susurra ruidosamente bastante donde sólo se escucha una. "La fe viene por el oír y el oír por la palabra de Dios" según Romanos 10:17. Estas confesiones diarias son tan poderosas porque son directamente de la palabra de Dios. Y orando la palabra de Dios es la petición más poderosamente eficaz del padre que nunca posiblemente podría orar!

Debemos saber lo que Dios dice sobre nosotros para que podamos reconocer y rechazar las mentiras del enemigo, llevando cautivo todo pensamiento a la obediencia de Cristo. Desafío a confesar y orar estos diarios durante un período prolongado. Después de seis meses siguen a recitar por lo menos semanalmente después de eso. Le prometo que va a cambiar su manera de hablar, pensar, orar y actuar.

Arrepentimiento

Claramente, todo lo que pasó en mi vida a prisión no fue lo que Dios había planeado y previsto para mí. Por el contrario, fue el resultado de mi espiral lenta, constante, hacia abajo en la depravación absoluta. Ver **Romanos 1:18-32**. Si tu Biblia tuviera fotos en ella, la mia estaría allí, porque esto ciertamente era una imagen de mí.

Dios me entrego a mi pervertidos y equivocadas, deseos egoístas que me condujo a una mente "reprobada" – que puede racionalizar y hacer las cosas más malvadas, despreciables y aún convencerse que son buenas y aceptables. Estaba "muerto" – como un zombi a pie – en mi pecado y en engaño.

Como el hijo pródigo (**Lucas 15:11-24**), cuando llegué a mis sentidos en la cárcel 10 meses en mi estancia de 32 meses, estaba vacío. Tuve un "anhelo" de algo más que lo que tenía a mi disposición en mi pecado, mi desorden. Yo deseaba "ir a casa". La parábola del hijo pródigo realmente captó mi atención. Realmente pude identificarme con él. Me demostró que el verdadero arrepentimiento es "quebrantamiento" y una vida a cambio de direccion

He aprendido que el arrepentimiento no es una emoción, por ejemplo, no la sensación de lo que "Siento", o, "Me siento mal por lo que he hecho", por el contrario, es una decisión. Es como decidirse a hacer un giro en "u" en una carretera. Luego te diriges en la dirección opuesta de donde tu vas. Alguien en el verdadero arrepentimiento no sólo dice "Siento lo que hice;" también viven una vida diferente demostrando una nueva mentalidad de "No lo haré otra vez".

Las palabras griegas traducen como "arrepentimiento" en el Nuevo Testamento significa "pensar diferente", "cambiar tu mente", "hacer acerca de opinión", "hacer acerca de una manera prevista"; y Diccionario Webster lo define como "para apartarnos del pecado y decidir reformar la vida".

En orden para que yo regrese al padre, tenía que ir a modo de arrepentimiento. El verdadero arrepentimiento es la única manera de salvación en y por medio de Jesucristo. ¿Ha cambiado su sentido el verdadero arrepentimiento? ¿Has hecho un giro de "u"?

Jesús Cristo es el único camino - hacer no se dejen engañar!

Cuando cuatro de los discípulos más cercanos a lo privado para preguntarle lo que serían las señales de su segunda venida y del "fin de la edad", Jesús le advirtio a ellos varias veces no debe ser engañados. Seguramente, incluso ahora estamos viendo pasar ante nuestros ojos tal y como él predijo todos los signos. Además, ya estamos viendo señales del gran engaño.

Creemos que la mayor parte de este engaño es intentar convencer al mundo que no hay más maneras a Dios y al cielo que solo a través de Jesús. ESO ES MENTIRA. NO SER ENGAÑADO. El único camino a Dios Padre es a través de la obra terminada de Jesucristo de Nazaret en la Cruz y su resurrección.

Muchos están sugiriendo que Jesús es sólo un camino al cielo, no necesariamente la única manera. Esto al parecer proviene de incluso algunos dirigentes influyentes dentro de los círculos "Cristianos"! Es herejía a defender este punto de vista.

En esta época de humanismo secular donde la humanidad dice determinan su propio destino y futuro, no Dios, nosotros como cristianos son susceptibles a sus intentos de convencer a todos que la verdad es "relativo" a lo que está sucediendo en la sociedad, y así cambia con los tiempos. Se nos insta a ser tolerante con todos por todas las razones. Nadie debe ser "ofendido". Se nos dice que todos deben de ser "incluido" y no "frente" de ninguna manera por cualquier cosa.

Mientras que ciertamente debemos tratar a quienes no están de acuerdo con nosotros con respeto, amabilidad y delicadeza, debemos ser muy cuidadosos de no comprometer en que sabemos que es verdad - el hijo de Dios, Jesucristo. Jesús deja muy claro que él es la única manera, la única verdad y única vida. Él nos asegura que nadie llega al padre sino por él (ver Juan 14:6).

Pedro predicó acerca de esta verdad acerca de Jesús en Hechos 4:12 cuando dijo: "Salvación se encuentra en nadie más, no hay ningún otro nombre bajo el cielo dado a los hombres en que podamos ser salvos". Citas de Isaías Jehová, Dios Padre, en 43:11 de Isaías diciendo: "yo, yo soy el Señor, y aparte de mí no hay ningún Salvador."

Le insto a leer atentamente lo que Jesús revelo en Mateo 21, Marcos 13 y Lucas 21. Pablo nos da más visión en 1 Tesalonicenses 4:13 – 5:11; 2 Tesalonicenses 2:1-17; 1 Timoteo 4:1-2; y 2 Timoteo 3:1-5. Leer las visiones de Daniel el Profeta en los capítulos 7, 11 y 12 de Daniel. Por supuesto, Juan nos dice sobre el fin de la edad en Revelaciones. Después de estudiar estos pasajes, estoy seguro que estarán de acuerdo que sin duda estos tiempos en que estamos viviendo son "los últimos días".

Hermanos y Hermanas, hay un sentido de urgencia en mí para que tenga cuidado que no se engaña – Cristo Jesús de Nazaret es la única manera al Padre en el Cielo. Pedirle al padre de agudo discernimiento a través del Espíritu Santo a reconocer y evitar el engaño gran próximo.

Jesús va a volver a su pueblo (Juan 14:1-3).

Viene rápidamente, en un instante de tiempo (Mateo 24:27).

Jesús viene pronto, cualquier día ahora (Revelaciones 22:12-13).

¿Está seguro de que está listo (Mateo 24:42-44)???

Poder del Espíritu Santo

Cuando yo todavía estaba encarcelado vi varios cristianos que fueron liberados frente a mi, sólo para volver a la cárcel dentro de un año o así. Yo también había oído de otros que habían estado siguiendo a Jesús en la cárcel conmigo un que, después de su liberación, bajaron de su relación con Jesús Cristo y volvieron "al mundo". No sé si volvieron a una prisión física, pero volvieron a sus prisiones emocionales y espirituales de que ellos alguna vez fueron liberados. Sé que la mayoría de ellos tenía todas las intenciones buenas y honestas para seguir caminando con él, pero muchos eran impotentes para resistir habitos viegos, lugares y personas.

Ya que yo he sido liberado, sin embargo, conozco personalmente muchos ex delincuentes que se transformaron en prisión, y que todavía están caminando en Cristo muchos años después. Son fuertes soldados en el ejército de Dios. He visto a Dios obrando en las vidas de sus familias. He visto que les sige prosperando y experimentar la vida abundante que Jesús vino a darnos (John 10:10). Muchos tienen sus propios ministerios efectivos ahora. Las relaciones rotas han sido restauradas. Corazones rotos han sido curados.

¿Qué hace la diferencia en estos dos grupos de personas? ¿Qué hizo la diferencia conmigo? Era claramente el "bautismo en el Espíritu Santo". Creo firmemente que el nivel de empoderamiento por ser bautizado (sumergido) en el Espíritu Santo hace toda la diferencia en habilitar y capacitar a nosotros a caminar nuestra fe efectiva y realmente en la cárcel y entonces, después de nuestro lanzamiento, en el "mundo libre".

Cuando aceptamos la obra terminada de Jesús en la Cruz y confesar su resurrección como el hijo de Dios, el Espíritu Santo viene a vivir en nosotros. "Poseemos" el espíritu, y comienza su labor de santificación constantemente hacer nuestro "hombre nuevo" se ajusta a la imagen de Cristo. Sin embargo, verdadero empoderamiento – poder de Dios, viene a nosotros y para nosotros, totalmente enviar al Espíritu Santo y permitirle que nos "posea" - un paso gigante más que nosotros simplemente "poseerlo" dentro de nosotros. Realmente somos capaces de permitir que nos "posea"!

Somos bautizados (sumergidos) en el agua como representación externa del cambio interno en nosotros. Estamos enterrados con Cristo en el bautismo (nuestro "viejo hombre" murió); y, nosotros estamos para andar en novedad de vida (nuestra "hombre nuevo" vivio). Pero el libro de los Hechos lo hase claro debemos también desear ser bautizado (sumergido) en el Espíritu Santo para recibir el mismo poder que resucitó a Jesús de entre los muertos – el poder a, esta nueva vida de la manera que él desea para nosotros. Él en nosotros y nosotros en él.

Sabemos el versículo que dice: "Mayor es el que está en mí que él que está en el mundo" (I John 4:4). Por lo tanto, el Espíritu Santo está en nosotros. Lo poseemos. Pero otro versículo sabemos es "Puedo hacer todas las cosas a través de él que me fortalece" (Fil. 4:13). Ese verso también se traduce como "Yo puedo hacer todas las cosas a través de quien dentro me faculta". Es el Espíritu Santo que nos capacita dentro por lo que podemos hacer todo los deseos del padre para nosotros, y nos asigna para hacer! Pero lo debemos dejar hacerlo. Debemos dejarlo que nos posea.

Cuando Jesús terminó su obra en la tierra y volvio al padre, el Padre envió al Espíritu Santo a la tierra para cada uno de nosotros. Los seguidores de Jesús en aquel momento mandaron a esperar hasta que ellos fueron dotados con poder de lo alto antes de que comenzaran a llevar a cabo el Ministerio de Jesús. Nosotros debemos hacer lo mismo, es decir, debemos buscar el poder del Espíritu Santo antes de continuar hacia fuera entre la gente en nombre de Jesús. Necesitamos el poder del Espíritu Santo. Usando solo nuestra propia fuerza, nos quemaremos rápidamente, no seremos eficaces, y podemos incluso hacer daño a su reino.

Sobre todo, debemos recordar el Espíritu Santo es una persona, tiene una personalidad, y él puede ser contristado. Su propósito al venir fue enseñar, dirijir guiar, corregir, proteger y consolar, el ayudante que camina junto a nosotros, así como habitar dentro de nosotros. Sin embargo, debemos ceder ha el y permitirle hacer su obra en nosotros. Si le niegamos, resistirle o llorarle, restringimos la obra que el padre quiere haser en nuestras vidas. Él es un regalo del padre, y le necesitamos!

Pablo dependía del poder del Espíritu Santo para su vida y Ministerio. Véase, por ejemplo, **Romanos 15:17-19; II Corintios 12:9; Efesios 3:16-21; y, Colosenses 1:29.** De hecho, Pablo advirtió a Timoteo a permanecer alejado de las personas religiosas en los últimos días que niegan el poder de Dios, el Espíritu Santo **(vea II Timoteo 3:1-7).**

¡Jesús necesitan el poder del Espíritu Santo también! Ver **Mateo 3:16-17; Mateo 4:1; Lucas 4:1; Lucas 4:14; Lucas 4:18-19; y, hechos 10:38.**

Eventualmente Jesús, Pablo y los demás apóstoles el Espíritu Santo, seguramente también debemos tener de Dios, el Espíritu Santo, que él nos da! ÉL es el "cambiador del juego" para nuestro caminar en la vida cristiana. Le insto a aprender tanto como pueda sobre su ayudante, maestro, consejero, guía y amigo. Cerca de la parte posterior del libro incluyo referencias más detalladas de información y escritura sobre el Espíritu Santo y su bautismo de fuego y poder. ¿Estudiar estas deliberadamente y en oración?

Agradecemos al padre por sus dones. No sólo nos dio su hijo, Jesús, pero él nos dio su Espíritu Santo. Lo que un padre maravilloso es. Cuando lo pienso, me doy cuenta qué ingenuos somos para creer la mentira del enemigo, la mentira de que el Espíritu Santo no es para hoy, que no lo necesitamos. En todo caso, la verdad es que le necesitamos aún más porque estamos viviendo en los últimos de los últimos días cuando la escritura nos dice que muchos serán engañados. El Espíritu Santo nos puede ayudar a no dejar ser engañados si le dejamos que nos guie y reconocer que nosotros lo presentamos como la presencia de Dios en nosotros. Lo necesitamos. Lo necesitamos en su plenitud.

Has pedido al Padre que Jesús te bautize con el Espíritu Santo? ¿ **(Lucas**

3:16)? Si pides al padre, él lo dará (Lucas 11:13). ¿Ha permitido los "ríos de agua viva" que fluyen de dentro de ti (Juan 7:38-39)? Nuestro padre desea para que nosotros caminenos en toda su plenitud de su Espíritu Santo.

Entrega, sumisión y santificación

Antes de ser salvo en la cárcel yo quería cambiar mi vida pero fui incapaz de hacerlo. Aprendí que no podía cambiarme. Si pudiera yo cambiarme a mi, lo hubiese hecho mucho antes de que yo era adicto, deprimido, suicidal, sin hogar, solitario, perdido y eventualmente encarcelado! ¿Es esto también cierto de ustedes? ¿Has probado a cambiar a ti mismo?

He probado a cambiar yo mismo infinidad de veces pero falle cada vez. Así que era muy grande noticia me Dios no esperaba que yo me cambiara a mí mismo! Realmente. Él sólo quería permitir que su Espíritu Santo me posee, y estar dispuesto diariamente a permitirle que me lleve por el camino correcto y mi mejor esfuerzo para ser inmediatamente obediente a su inspiración.

Al entregarse voluntariamente a Dios el Espíritu Santo en nosotros y diario someternos todos los días para ser conducido por su espíritu en vez de ser dirigido por nuestra "carne", él empieza su obra de santificación en nosotros! Pensar en eso. En otras palabras, cuando entrega al espíritu y someterse a su liderazgo momento a momento, él va a cambiarnos a nosotros. No somos responsables de cambiar nosotros mismos. ¿Es eso bueno no?

La mejor imagen de la presentación es uno de arcilla en las manos de un alfarero. El alfarero la arcilla de un amorfo puñado de barro feo transformado en un objeto exquisito de bellas arte. El alfarero está totalmente a cargo de la transformación y el producto final es determinado en gran parte por su paciencia y habilidad. Ver a Jeremías 18:1-6; Isaías 64: 8; Romanos 9:20-21.

Como seguidores de Jesús, podemos estar seguros de que tenemos el mejor maestro alfarero! El padre nos ha enviado su Espíritu Santo para lograrlo en nosotros pero debemos cooperar plenamente con él.

A veces Dios permite circunstancias extremas, como prisión u otras dificultades de la vida, para conseguir nuestra Atención. A menudo esto pueden venir como consecuencia de malas decisiones por nosotros mismos o a otros, pero ver mejor como oportunidades para un cambio positivo. Para transformarse, un pedazo de arcilla debe ser suave por lo que producirá. Debemos voluntariamente y conscientemente Sometámonos a Dios y al Espíritu Santo.

Independientemente de lo malo o un desastre que hemos hecho de nuestras vidas, y hasta qué punto podemos aun corremos lejos de Dios, nunca estaremos tan rotos o perdidos así que Dios no pueden encontrarnos (**Lucas 15:4-7**), el nos acepta con alegría nuestro volver a él (**Lucas 15:32**), nos hace una nueva creación (**II Corintios 5:17**) y establecer su plan para nuestras vidas (**Jeremías 29: 11-14**).

Sin embargo, debemos ser humildes con gratitud, oración sumisa y fiel obediente. Con humildad debemos reconocer que no podemos volver a hacernos y ser agradecido puede. En presentación debemos ponernos en sus manos y pacientemente permitirle formarnos y en oración nos sujeta al fuego endurecimiento de pruebas y circunstancias. Debemos ser siempre fieles en obediencia a sus instrucciones para que viamos a experimentar lo mejor de sus intenciones como él logra su voluntad a través de nosotros, formandonos en la imagen de su hijo (**Romanos 8:29**).

La palabra nos dice que "su divino poder nos ha dado todo lo que necesitamos para la vida y la piedad" (**II Peter 1:3**) y que él "nos enseña a decir 'No' a la impiedad y las pasiones mundanas y a vivir sobrios, vertical y piadosamente en esta presente edad" (**Tito 2:12**). Debemos todo lo que él nos ha dado recibir y estar dispuesto a decir "No" a las tentaciones mundanas. Nos ayudará si le dejamos.

Es la obra santificadora del espíritu que nos permite ser obediente a Jesucristo (**1 Pedro 1:2**). Como hijos obedientes nos animó y poder por su Espíritu Santo no para "ajustarse a los deseos que una vez cuando vivíamos en la ignorancia. Pero como aquel que os llamó es santo, ser santo en todo lo que haces." (1 Pedro 14-15). En nuestras propias fuerzas es imposible, pero todo es posible con Dios el Espíritu Santo hacer la obra de santificación en nosotros.

Cerca de la parte posterior de este libro he incluido dos oraciones de presentación creo que será muy útiles. Orar al padre como son conducidos por su Espíritu Santo. Es su trabajo para cambiarte. Su trabajo es voluntariamente rendir, someter y ser obediente a lo que él quiere hacer en su proceso de santificación en ti.

Transformación

Estoy muy agradecido Dios me impresiono utilizar los últimos 20 meses de reclusion como tiempo para crecer espiritualmente en su palabra y, así, ser "transformado por la renovación" de mi mente (Rom. 12:1-2). Deje de que el tiempo me "hizeara a mi" y comienzo "haser mi tiempo", Dejé de ver televisión y jugar a las cartas. En su lugar, el espíritu me motivó a pasar ese tiempo en la educación espiritual y programas de entrenamiento de la vida Cristiana patrocinados por el capellán. Además, muchos cursos de correspondencia de la Biblia, frecuente atendencia del servicio de capilla e intensas horas de estudio bíblico personales prepararon una base sólida para mí y sembraron la semilla en terreno fértil. Ahora soy un testimonio vivo de la gracia del padre, misericordia, perdón y poder en Cristo Jesús. El Espíritu Santo nunca ha sido más real para mí. Las diferencias en mi son real y permanente. Dios me ha cambiado desde adentro hacia afuera. Mis actitudes, pensamientos, deseos y discurso cambiaron todos drásticamente. yo soy verdaderamente una "nueva criatura en Cristo, las cosas viejas pasaron, todo ha sido hecho nuevo" (II Cor. 5:17). Después de haber experimentado ya la plenitud, el amor, la alegría y la paz de Dios en Cristo Jesús, es absolutamente impensable que nunca más sere engañado por Satanás en el vacío, odio a sí mismo, ansiedad y depresión de la que el "hombre viejo" y sus adicciones. Verdad, amor y presencia constante de su Espíritu Santo del padre han trabajado un milagro de vida en mí por medio de Jesucristo! Usted puede estar seguro de que él puede hacer lo mismo para usted.

Su tiempo sabiamente

A menudo me preguntan qué tipo de cosas hice en la cárcel después de que fui salvo pero antes de irme a casa. Como dije antes, planeé cada día en cuanto a cómo podría buscar más de Dios durante mis horas de vigilia. He intentado separar yo lo mejor que pude de todas las actividades mundanas, pasando alrededor de mí en ver televisión, leer periódicos, jugar a las cartas y las habituales clases de conversaciones que reclusos mayoría han en la cárcel. Estoy seguro de que sabes lo que estoy hablando.

Había un verso que recuerdo que realmente captó mi atención y traté de aplicar a mi situación: "tener mucho cuidado, entonces, cómo vives--no como imprudentes sino como sabios, aprovechando al máximo todas las oportunidades, porque los días son malos. Por lo tanto, no seas tonto, pero entender lo que es la voluntad del Señor". (Efesios 5:15-17). Todos sabemos cuánto mal hay a nuestro alrededor, especialmente en la prisión. La voluntad de Dios es para que nos separarnos de ello, y usar nuestro tiempo sabiamente en la vida para él.

Traté de un enfoque total como era posible en el estudio de la palabra, memorizando versículos de las escrituras y asistir a todo tipo de clase de Capellanía y prácticamente cada servicio de culto cristiano me. Realicé muchos cursos de estudio de la Biblia de correspondencia, y para uno de ellos ganaba una Biblia de estudio para completar satisfactoriamente el curso. ¡Lo que una gran cantidad de información que contenía en su verso comentarios, artículos, concordancia, Índice temático y mapas!

Mientras que aún en las prisiones, sin embargo breve o prolongado un tiempo que puede ser, tomar una decisión ahora para utilizar su tiempo sabiamente. Continuar su educación. Estudiar la palabra y aprender cómo aplicar a su vida diaria. Buscar diligentemente con todo su corazón al padre. Cultivar una relación íntima y personal con el padre a través del Espíritu Santo viviendo en ti. Elegir ser guiados por el espíritu momento por momento, en lugar de ser influenciado constantemente por los deseos carnales, el mundo, o el diablo y sus huestes demoníacas.

El Espíritu Santo es tu maestro. Él le ayudará. Orar a menudo sabiduría, conocimiento, entendimiento, revelación, verdad, discernimiento, y cómo aplicarlas a su vida. Estas son todas las cosas que Dios quiere que así se les dará si pides. Él tiene un plan y un futuro lleno de esperanza para ti.

Dios quiere usarte bien donde estás. Mucha gente me dice que quieren "Ministerio de la prisión" cuando son liberados. Pero les digo que la persona más importante en la Pastoral Penitenciaria es encenderlo, comprometido cristiano todavía el encerrado. Es la persona que puede ver de primera mano que necesita ayuda, que necesita oración, y aliento – allí mismo en el interior. De hecho, creo que si usted no participa ya en el Ministerio de prisiones en el interior, no hacerlo con eficacia, si en todos, en el exterior.

Debe convertirse en un guerrero de oración orando con audacia y diligencia por las almas perdidas a tu alrededor, para los oficiales de su unidad, para la administración de la instalación y para su familia. De hecho, orar por su familia es uno de los regalos más potente y beneficiosos que puede darles. Como aprendí a orar dentro de prisión vi el paso del Señor de manera poderosa que construyó mi fe y me querrer orar más!

Si su unidad cuenta con una zona de viviendas basadas en la fe, se aplica para él. Asistir a todo tipo de servicio que se ofrece y programa de Capellanía. Lella muchos libros cristianos como sea posible. Si su institución ofrece un programa de mentores espirituales, solicitar demasiado. Voluntaria de su capellán. Involucrarse con la iglesia interior No esperes la perfección de nadie en la iglesia. A lo mejor se puede caminar su charla (que Peter 2:11-12). Como ustedes saben, personas están viendo y queriendo saber si su compromiso es real. De hecho, muchos privada esperan que sea real porque significaría más esperanza para los que se también podría cambiar por un encuentro real con nuestra vida Señor Jesús.

Si arruinara, levantarse, confesar tu pecado al padre (I John 1:9) y mantener la cabeza en la dirección correcta. No pagar ninguna atención a los comentarios sarcásticos de los demás. En el día del juicio, a estar de pie delante del rey solo. Se centran en lo agradable todos los días en lugar de agradar a otros. Hacer uso sabio de su tiempo. Usted estará alegre que usted hizo!

Ir a Casa

Como esperas tu el día en que serás liberado, si usted es como yo se preguntará si usted puede realmente seguir a Cristo aya fuera "en el mundo libre". Tu puedes. Pero se requiere compromiso y atención diaria.

Si tuviera que nombrar nueve cosas más importantes para ayudarle a ser coherentes y fieles sobre su compromiso de seguir a Cristo en el "mundo libre", serían estas:

1. unete a una iglesia y asistir la mayor frecuencia posible.

2. restaurar las relaciones rotas - y trabajar en mantenerlas una vez restauradas.

3. Separerte total y permanentemente de las malas influencias anteriores de ciertas personas, lugares y cosas.

4. fielmente mantener oracion, estudio bíblico y adorarle le en privado cada día.

5. mantener una actitud constant de, oración de agradecimiento y humildad hacia Dios.

6. Consiga a un compañero de rendición de cuentas y se reúnen regularmente. Tener un socio de confianza de la rendición de cuentas es un factor importante en el mantenimiento de undar fieldad. Es muy difícil tratar de hacerlo solo.

7. participe activamente en servir en un Ministerio ungido como voluntario. Como se invierte en los problemas y desafíos de los demás, la alegría del Señor te fortalecerá y te enriquecerá. Te jalara más cerca el Espíritu Santo al padre, y su testimonio personal animará a otros.

8. Si tienes una caida, rápidamente confiasala y arrepientete verdaderamente. Levantate y sige tu camino cristiano.

9. perdónate a ti mismo. Hiciste tu tiempo –pon el pasado atrás y seguir adelante! Eres una nueva creación (II Cor. 5:17)!!

Su Llamado en Mi Vida

Dios me ha llamado para ministrar a sus hijos perdidos y olvidados, los presos, ex convictos, desamparados, bipolar, aquellos que están deprimidos, los drogadictos y los delincuentes sexuales. Ya que estoy ahora, oh he sido, "clasificado" como cada uno de ellos, el padre está utilizando mis experiencias a otros como yo, para el Reino. yo respondi al llamado de Dios en mi vida para ser un siervo ordenado y licenciado del Señor el 23 de febrero de 2012.

Hoy, mi pasión y mi razón de vivir es, dejar que "el menor de ellos" sepa la libertad verdadera y eterna disponible solo mediante la fe solo en Jesucristo solo por gracia.

Ruego que el Espíritu Santo sigua trabajando a través de mí para llevar la esperanza, el amor y la gracia de Jesus a muchos que no son amados, perdidos, heridos, olvidados, necesitados, despreciados, deprimidos y Renegados – personas que incluso hoy al igual una vez fui yo.

Agradezco humildemente y eternamente por otra oportunidad para empezar de nuevo! No es el Dios de segundas oportunidades; más bien, él es el Dios de otra oportunidad. Su ilimitado amor, gracia y misericordia están siempre disponibles para cualquier persona que viene a él en humildad y sinceridad. Nos da un número ilimitado de posibilidades.

Mis sentimientos son como los de Pablo cuando escribió a Timoteo hace casi 2,000 años:

"Doy gracias a Cristo Jesús nuestro Señor, quien me ha dado fuerza, que me tuvo por fiel, se me nombra a su servicio. Aunque una vez era blasfemo y perseguidor y hombre violento, se me mostro misericordia porque actué en ignorancia e incredulidad. La gracia de nuestro Señor fue derramada en mi abundante, junto con la fe y el amor que están en Cristo Jesús. Aquí es un dicho digno de confianza que merece aceptación plena: Cristo Jesús vino al mundo para salvar a los pecadores, de quien soy el peor. Pero por esa misma razón me enseñaron misericordia para que en mí, el peor de los pecadores, Jesucristo podría mostrar su paciencia ilimitada como ejemplo para aquellos que creen en él y recibir la vida eterna. Ahora al Rey eterno, inmortal, invisible, el único

Dios, sea honor y gloria para siempre y siempre. Amen. "

(I Timoteo 1:12-17)

Sinceridad, verdad y amor soy y seguirá siendo, un niño humilde y agradecido de nuestro padre y un seguidor radical del Señor Jesucristo, por su Espíritu Santo en mí!

P.S. – Tal vez debo considerar cambiar el título de este testimonio:

"De Parque Avenue... al Banco del Parque... a la Cárcel... ha Predicador!"

USTED PUEDE TENER "LO REAL"

"Lo Real" no tiene nada que ver con religión.

Por el contrario, es una relación personal íntima con nuestro Padre celestial, por la obra terminada de Jesús en la Cruz. El Espíritu Santo viene y nos sella como sus propios, y comienza un trabajo en curso en nosotros para conformarnos a la imagen de Cristo Jesús.

Tu puedes comenzar esta emocionante y abundante vida hoy. Continuará a lo largo de toda la eternidad.

En primer lugar, reconocer y confesar que has pecado contra Dios.

Segundo, renunciar a tus pecados – determinar que no va volver ha a ellos. Apártate del pecado. Dirígete a Dios.

En tercer lugar, por fe recibe a Cristo en tu corazón. Entrega tu vida completamente a él. Él vendrá a vivir en tu corazón por el Espíritu Santo.

Usted puede hacerlo ahora.

Empezar por simplemente hablar con Dios. Usted puede orar una oración como esta:

"Oh Dios, yo soy un pecador. Pido disculpa por mi pecado. Quiero girar de mi pecado. Perdóname, por favor. Creo que Jesucristo es su hijo; Creo que él murió en la Cruz por mis pecados y le levantó a la vida. Quiero confiar en él como mi Salvador y le siguire como mi Señor de este día adelante, para siempre. Señor Jesús, pongo mi confianza en ti y entrego mi vida a ti. Por favor entra en mi vida y Lléname con tu Espíritu Santo. En nombre de Jesús. Amén."

Si usted acaba de decir esta oración, y lo dijo con todo su corazón, creemos que has sido salvo y has nacido de nuevo en Cristo Jesús como una persona totalmente nueva.

"Por lo tanto, si alguno está en Cristo, él es una nueva creación; lo viejo ha pasado, lo nuevo ha llegado! **(II Corintios 5:17)**

Le urjemos que vaya "todo dentro y todo fuera para todo en todo". (Pastor Mark Batterson, todos dentro)

Le sugerimos de que siga al Señor en el bautismo de agua en su primera oportunidad. Bautismo de agua es un símbolo exterior del cambio hacia ha dentro que sigue su salvación y volver a nacer.

La gracia de Dios le da el deseo y la capacidad de entregarse completamente a la obra del Espíritu Santo en y a través de ti **(Filipenses 2:13)**.

El bautismo en el Espíritu Santo es su poder para usted.

PUEDES RECIBIR EL BAUTISMO
EN EL ESPÍRITU SANTO

El bautismo en el Espíritu Santo es una experiencia separada y un privilegio Santo concedido a aquellos que piden. Este es el poder de Dios para que pueda vivir una vida abundante, una vida vencedora. La Biblia dice que es el mismo poder que levantó a Jesús de entre los muertos.

Has pedido al Padre para que Jesús te bautize (te sumerja) en el Espíritu Santo ¿ (Lucas 3:16)? Si pides al Padre, él te lo dará (Lucas 11:13). ¿Has permitido los "ríos de agua viva" que fluyen dentro de ti (Juan 7:38-39)? Nuestro Padre desea para que nosotros caminenos en Toda su Plenitude por su Espíritu Santo.

El poder del testigo y vivir tu vida como Jesús hizo una íntima relación con el padre, viene de pidiéndole a Jesús que os bautizará en el Espíritu Santo. Para recibir este bautismo, orar a lo largo de estas líneas:

Abba Padre y mi Señor Jesús,

Gracias por haberme dado su espíritu para vivir dentro de mí. Soy salvo por gracia mediante la fe en Jesús. Le pido ahora que me bautice en el Espíritu Santo con su fuego y poder. Totalmente lo recibo por fe al igual que mi salvación. Ahora, Espíritu Santo, vien y levanta dentro de mí como alabar a Dios! llename de Jesús! Totalmente espero para recibir mi lengua de oración como me dais la elocución. En nombre de Jesús. Amén.

Ahora, en voz alta, comenzar a alabar y glorificar a JESUS, porque él es el Bautizador del Espíritu Santo! Desde lo más profundo de tu espíritu, dile: "te amo, te doy gracias, te alabo, Jesús".

Repita esto en lo que sientes alegría y agradecimiento de la rebosar para arriba desde lo más profundo dentro de ti. Hable esas palabras y sílabas que recibes – no en su propio lengua, pero la lengua celestial dada a usted por el Espíritu Santo. Permita que esta alegría salga de sílabas de un enunciado que no sabe ya tu propia mente. Que será su idioma de oración el espíritu utilizará a través de usted cuando usted no sabe cómo orar (Romanos 8:26-28). No es el "Don de lenguas" para uso público, por lo tanto no requiere una interpretación pública.

Tienes que entregar y utilizar sus propias cuerdas vocales para expresar verbalmente su nuevo lenguaje de la oración. El Espíritu Santo es un caballero. No te obligará a hablar. No se ocupan de cómo suena. Es una lengua celestial!

Adorale! Alabadle. Use su idioma celestial orando en el espíritu cada día! Pablo nos urje a "orar en el Espíritu en todas ocasiones con todas clases de oraciones y peticiones." (Efesios 6:18)

EN CONTACTO CON NOSOTROS

Nos encantaría conocer tus comentarios o responder a sus preguntas.

- Sobre todo nos gustaría saber si usted tomó la decisión de recibir a Jesús en su corazón y oro la oración de salvación en la página 33. O tal vez había orado una oración similar antes, pero si esta es la primera vez que significaba realmente de tu corazón. Cuéntenos sobre su decisión.

- Tal vez usted tomó la decisión de renovar tu vida con Cristo, para ir "todos en todo y todo fuera" por Jesús! Si es así, nos gustaría saber así podemos animarte. Por favor escriba a nosotros.

- Si usted oró la oración para pedirle a Jesús que lo bautizará en el Espíritu Santo, por favor díganos. Cuando lo haga, le enviaremos más material sobre el Espíritu Santo.

Más ayuda y estímulo, nos gustaría enseñarte más acerca de cómo seguir a Jesús – cómo ser un verdadero discípulo. Un discípulo es un aprendiz"disciplinado" y queremos compartirles muchas verdades acerca de cómo tener una relación íntima con Dios el padre, por el Espíritu Santo. Jesús vino a reconciliarnos con el padre. Queremos ayudarte a desarrollar una relación significativa con él.

Por favor pida que le incluyamos en nuestro programa de discipulado por el que recibirás una enseñanza alentadora cada dos meses o así. Este no es el tipo de lección que es necesario que rellene y nos envíe. Sólo debe ser alentados en el Señor, y estar dispuesto en oración estudiar los materiales. Eso es todo.

Por favor envia sus comentarios, preguntas y sugerencias a:

Libertad en Jesus ministerios de prisión

Attn: Stephen - JHR

P.O. Box 939

Levelland, TX 79336

No te olvides de pedirnos ponerte en nuestra lista de correo de discipulado.

Si usted o sus seres queridos desean saber más acerca de nuestro Ministerio, nuestro sitio web es www.fijm.org

Oramos que seas bendecido abundantemente por nuestro padre cuando usted le busque diariamente con todo su corazón, permaneciendo para siempre en Cristo Jesús por su Espíritu Santo en ti!

YO LE ALAVO!

En el medio de la desesperación, yo perdí toda esperanza

Orar era una lengua extranjera no podía entender ni comprender
La redencion se ocultó de mi entendimiento
Adiciones dominaron mi pasado y determinó mi futuro
Dentro de mi un agujero negro aspiro todo luz, amor y fe
Pensamientos de suisidio medios y dispositivos deshabilito mis dias y
   robo mis noches
Ciclos interminables de culpa, vergüenza, lamento, insuficiencia
   depresión me encárcelaron

El cielo intervino a través de la gracia de Dios, amor y misericordia
Finalmente me di cuenta que debo perdonarme a mí mismo para
   aceptar el perdón de él
Mis días restantes serán un testimonio de la vida, la esperanza y sal
   vación que encuentre en Cristo

Yo le alavo!

Stephen Canup

¡DESAFIARTE!

Dios es capaz de transformer tu vida de la misma manera que la mina.

Pero debes comprender que es galardonador de los que fervientemente y diligentemente le buscan (**Hebreos 11:6**); y que son transformados mediante la renovación de su mente a través de la aplicación de los principios en su palabra a su vida diaria (**Romanos 12:1-2**).

Desafío a que:

• Volver a leer este libro a menudo. Cuando lo haga, pedir al Espíritu Santo para ayudarle a aplicar su verdad a su vida.

• Ver todas las escrituras de referencia en este libro. Marcar los versículos en su propia Biblia. Memorizar las que significan más para usted.

• Estudio de los principios de las escrituras en esta reserva en pequeños grupos. Compartir conceptos de la palabra con los demás le ayuda a aprender y aplicar a su vida.

• Compartir su propio testimonio con los demás. "Superar" cuando usted testificar personalmente a sí mismo y otros lo que la sangre de Jesús ha hecho en su propia vida (ver Apocalipsis 12:11).

• Préstamo este libro a por lo menos tres otros si su instalación le permite hacerlo. Como Embajador de Cristo (vea II Corintios 5:18-20), por favor use este libro como una herramienta para alcanzar a los perdidos. Después de compartir con ellos, les digo entonces a escribirme y solicitar su propia copia del libro para que puedan estudiarlo y préstamos a otros. Cada persona que uno quiere debe escribirme individualmente porque sólo puedo enviar un libro a cada persona.

• Orad todos los días para mí y para nuestro Ministerio. Necesitamos sus oraciones. En su primera oportunidad, comience un programa regular dar a nosotros para que podamos mejor Ministro a otros y les proporcionan libros gratuitos como hemos hecho para usted.

Como haces estas cosas, ruego que Dios Padre bendice a usted y su familia abundantemente en todos los sentidos, todos los días, en Cristo Jesús, a través del Espíritu Santo trabajando poderosamente en y a través de usted!

INFORMACIÓN PARA ESTUDIOS Y APLICACIONES ADICIONALES

ORACIONES DE PRESENTACIÓN

Oración diaria de entrega y sumisión
Padre Dios, humildemente entregar y presentar yo completamente a usted y a su liderazgo por su Espíritu Santo.

Señor, por favor, perdóname por mi voluntariosa y mis pecados no intencionales. Ayúdame a completamente y libremente perdonar a los demás como tú me perdonas.

Padre, presentar voluntariamente y completamente a tu mano como el alfarero. Volver a hacer yo en la persona que quieres ser para el plan tienes para mí en su perfecta voluntad. Como haces, me conformes a la imagen de Jesús por la obra santificadora de tu Espíritu Santo.

Padre, por tu gracia me ayude a ser siempre un agradecido, humilde heredero de todas sus promesas; un siervo obediente y fiel de todos sus comandos; un testigo persistente y audaz de su salvación a través de Jesús; y, un niño amoroso, confianza lleno de tu amor. Me entrego a la dirección de su Espíritu Santo.

Quiero ser paciente y perseverante en la oración, siempre atenta y sensible para oportunidades bendecir a otros como tú me has bendecido. Fortalecer a mi padre con su gracia, a través del espíritu de Jesús en mí, que buscan usted y su reino eterno, para que no se distraiga y superar las tentaciones y placeres temporales de este mundo alienígena. En todo lo que pensar, decir y hacer hoy, padre, me dejó continuamente glorifican y honrarte.

Te amo, Jesús. Yo te alabo y te adoro por amarme primero. Gracias por ser pecado me hecho para que me hacen justo en ti. Por favor, amar y bendecir a otros a través de mí cuando busco saber y hacer su perfecta voluntad para mi vida. Quiero ser conducida hoy por tu Santo Espíritu en mí.

En el poder de la sangre de Jesús y la autoridad de su nombre oro. Amén.

Oración de obediencia sumisa en un área Particular

Padre, eres digno de toda alabanza, honor y gloria. Te adoro. Yo te adoro. Alabo su santo nombre.

Señor, has sido tan paciente conmigo, y le doy las gracias. También reconocer su voz pequeña, hablándome sobre una área de mi vida que necesita resolución. Ha sido recordarme de mi necesidad de avanzar en esta área, y confieso que he no sin embargo obedecí le. Por favor, perdóname por mis dudas.

Hoy en día, declaro que tomo el paso de fe que ha hablado a mí. Señor, con respecto a este paso que he sido reacio a tomar lejos pongo mi renuencia ahora y te juro te obedeceré.

Y Señor, en aquellas materias donde he estado haciendo lo que usted prefiere que no hago, póngalos a un lado, por lo que puedo hacer espacio para hacer lo que quiera hacer.

Esto es lo que decido caminar contigo de ahora en adelante. Poniendo a un lado mi vacilación y cabezonería, me paso en negrilla, elegir tú y tus propósitos para mi vida. Declaro que voy a seguir en la obediencia.

¡Gracias, señor! En nombre de Jesús oro. Amén.

BAUTISMO EN EL ESPÍRITU SANTO
AUTORIDAD Y BASE ESCRITURAL

Juan el Bautista enseñó acerca del Espíritu Santo:
Mateo 3:11 "Yo os bautizo con agua para arrepentimiento. Pero después viene uno que es más poderoso que yo, cuyas sandalias no soy digno de llevar. Él os bautizará con espíritu santo y con fuego.

Jesús Cristo tenía que tener el Espíritu Santo:
Mateo 3:16-17 Tan pronto como Jesús fue bautizado, subió del agua. En ese momento el cielo se abrió, y vio al espíritu de Dios descender como una paloma y la iluminación de él. Y una voz del cielo dijo: "este es mi hijo, a quien amo; con él me complazco."

Jesús necesita ser conducido por el Espíritu Santo:
Mateo 4:1 Entonces Jesús fue llevado por el espíritu al desierto para ser tentado por el diablo.

Lucas 4:1 Jesús, lleno del Espíritu Santo, volvieron del Jordán y fue conducido por el espíritu en el desierto...

Jesús fue fortalecido por el Espíritu Santo:
Lucas 4:14 Jesús regresa a Galilea en el poder del espíritu y noticias acerca de él se separó a través del campo entero.

Lucas 4:18-19 "El espíritu del Señor está sobre mí, porque me ha ungido para predicar buenas nuevas a los pobres. Él me ha enviado a proclamar libertad para que los presos, y recuperación de la vista para los ciegos, liberar a los oprimidos, proclamar el año favorable del Señor."

Hechos 10:38 ... cómo Dios ungió a Jesús de Nazaret con el Espíritu Santo y el poder, y cómo él pasó haciendo el bien y sanar a todos los que estaban bajo el poder del diablo, porque Dios estaba con él.

Puede tener el Espíritu Santo como un regalo:
Lucas ¿11:11-13 "Alguno de ustedes que sea padre, si su hijo le pide un pescado le dara una serpiente? o si le pide un huevo, le dará un

escorpión? Pues si ustedes, que son malos, saben darles cosas buenas a sus hijos, con mayor razón el padre celestial dara el Espirito Santo a quienes lo pidan.

Juan 7:37-39 El día último y más grande de la fiesta, Jesús se puso y dijo en voz alta, "si alguien tiene sed, que venga a mí y beba. Que cree en mí, como la escritura dice, ríos de agua viva fluirán de dentro de él." Por esto él significó el espíritu, a quien los que creían en él eran más adelante recibir. Hasta ese momento el espíritu no había sido dado, puesto que Jesús no había sido glorificado.

Revelaciones 22:17 El espíritu y la esposa dicen, "¡ven!" Y lo que oye, diga: "¡ven!" que Quien tiene sed, que venga; y quien deseos, que tome el don gratuito del agua de la vida.

John 14:16-17 y yo rogaré al padre y os dará otro Consolador para estar contigo para siempre - el espíritu de la verdad. El mundo no puede aceptar, porque no le ve ni le conoce. Pero ustedes si lo conocen, porque vive con vosotros y estará en vosotros.

Actos 1 : 4-5 En una ocasión, mientras él estaba comiendo con ellos, él les dio esta orden: "no salir de Jerusalén, pero esperar el regalo prometido de mi padre, que me han escuchado hablar. Porque Juan bautizó con agua, pero en pocos días se bautizará con el Espíritu Santo."

Hechos 2:1-4 Cuando llegó el día de Pentecostés, estaban todos juntos en un solo lugar. De pronto un sonido como el soplo de un viento violento vino del cielo y llenó toda la casa donde estaban sentados. Vieron lo que parecían ser lenguas de fuego que se separó y llegó a descansar en cada uno de ellos. Todos ellos fueron llenos con el Espíritu Santo y comenzaron a hablar en otras lenguas como el Espíritu les permitió.

El bautismo del Espíritu Santo es separado del bautismo de agua:
Juan 20:21-22 Otra vez Jesús dijo, "la paz sea contigo! Como el padre me ha enviado, yo voy a enviarte." Y con eso él sopló sobre ellos y dijo: "Recibid el Espíritu Santo.

Hechos 8:14-17 Cuando los apóstoles en Jerusalén oyeron que Samaria había aceptado la palabra de Dios, enviaron a Pedro y a Juan a ellos. Cuando llegaron, oraron por ellos que podrían recibir el Espíritu Santo, porque el Espíritu Santo no había venido todavía a alguno de ellos; simplemente habían sido bautizados en el nombre del Señor Jesús. Entonces Pedro y Juan impusieron las manos sobre ellos y recibieron el Espíritu Santo.

Hechos 19:1-6 Mientras Apolos estaba en Corinto, Pablo tomó el camino por el interior y llegaron en Éfeso. Allí encontró a algunos discípulos y les preguntó, "¿Recibisteis el Espíritu Santo cuando creísteis?" Ellos respondieron: "No, que aún no hemos oído que hay un Espíritu Santo". Así que Pablo preguntó: "entonces ¿qué bautismo recibieron?" "Bautismo de Juan", respondieron. Pablo dijo, "el bautismo de Juan era un bautismo de arrepentimiento. Él dijo a la gente a creer en el que viene después de él, es decir, en Jesús." Al oír esto, fueron bautizados en el nombre del Señor Jesús. Cuando Pablo puso sus manos sobre ellos, el Espíritu Santo vino sobre ellos, y ellos hablaron en lenguas y profetizaron.

EL ESPÍRITU SANTO

El Espíritu Santo es la tercera persona de la Trinidad. Él es completamente Dios. Él es eterno, omnisciente, omnipresente, tiene una voluntad y puede hablar. Él está vivo .El es una persona. No es tan visible en la Biblia como el hijo o el padre porque su Ministerio es dar testimonio de ellos (John 15:26). Sin embargo, al empezar a centrarse en él, podrás ver lo muy importante es para nosotros!

En el Antiguo Testamento hebreo palabra ruwach (pronunciado roo'-akh) fue utilizado cuando se habla del espíritu. Esta palabra literalmente significa VIENTO o ALIENTO en el Nuevo Testamento la palabra griega pneuma (pronunciado pnyoo'-mah) fue utilizado que significa el ALIENTO o una BRISA. Literalmente podemos pensar del Espíritu Santo como el "ALIENTO DE DIOS".

A lo largo de la edad, muchas personas han pensado en el Espíritu Santo como de una "cosa" o una "fuerza", que una "persona". Nada podría estar más lejos de la verdad. De hecho, como comenzamos a conocer a la persona del Espíritu Santo, si queremos tener una relación más estrecha con él como lo haría el padre o hijo.

Aunque la palabra Trinidad no se menciona en la Biblia, sabemos que Dios es tres en uno. Hay tres personas muy distintas que componen la divinidad. Son todos iguales en todos los sentidos. El Espíritu Santo es una persona igual que el padre y el hijo están dentro de la Trinidad. Hay algunos que creen que el Espíritu Santo es simplemente una fuerza. Si esto fuera cierto, entonces él no podía hablar (hechos 13:2); No podía ser Afligido (Efesios 4:30); y no tenía una voluntad (I Cor. 12:11).

La verdad es que el Espíritu Santo es una persona igual que el padre y el hijo están dentro de la Trinidad.

Sus nombres	Sus atributos	Símbolos de el	Pecados contra el	Poder en Vida de Cristo
Dios *Hechos 5:3-4*	Eterno *Heb. 9:14*	Paloma *Mateo 3:16*	Blasfemia *Mateo 12:31*	Concebido de *Mateo 1:18, 20*
Señor *2 Cor. 3:18*	Omnipotente *Lucas 1:35*	Viento *Hechos 2:1-4*	Resistir (incredulidad) *Hechos 7:51*	Bautismo *Mateo 3:16*
Espíritu *1 Cor. 2:10*	Omnipresente *Salmo 139: 7-10*	Fuego *Hechos 2:3*	Insulto *Heb. 10:29*	Dirigido por *Lucas 4:1*
Espíritu de Dios *1 Cor. 3:16*	Volumtad *1 Cor. 12:11*	Aguas vivas *Juan 7:38-39 I Cor. 12:13*	Mentirle *Hechos 5:3*	Lleno de Poder *Lucas 4:14, 18*
Espíritu de la verdad *John 15:26*	Ama *Rom. 15:30*	*****	Contristarlo *Efesios 4:30*	Testigo de Jesús *John 15:26*
Espíritu eterno *Heb. 9:14*	Habla Hechos *8:29; 13:2*	*****	Apagarlo *1 Tes. 5:19*	Jesús levantado *Rom. 8:11*
La persona de Dios el Espíritu Santo				

Es importante entender que el Espíritu Santo es Dios por el hecho de que si nacemos otra vez vive en nosotros. Lo que nos permitimos formar parte invitamos a Dios a ser parte. I Cor. 6:19.

Cuatro principios importantes para recordar:
1. El Espíritu Santo es Dios. Como el padre y el hijo, él es una persona, no una "fuerza", una "cosa" o un "eso"
2. No podemos centrarnos en el Espíritu Santo demasiado. ¿Por qué? ¿Cuál es la misión del Espíritu Santo? Para revelar a Jesús. ¿Cuál es la misión de Jesús? Para revelar al padre. Qué pasa con el padre... para enviar a Jesús y el Espíritu

Santo por lo que podemos llegar a él. Perfecta armonía.
Nunca tuvieron una reunión de qestión de crisis en el cielo.
Nunca intentaron sentarse y trabajar cosas hacia fuera.
Nunca han tenido una lucha de poder entre ellos.

3. El Espíritu Santo da dones para su uso en el Ministerio y faculta el Ministerio eficaz. I Cor. 12:7-11

4. El Espíritu Santo nos da el fruto que se desarrolla en nosotros Cristo como personaje. Gálatas 5:22-23

Cualidades que una persona tiene... (Una "fuerza" o "cosa" no):
1. El Espíritu Santo tiene intelecto. I Cor. 2:10
2. El Espíritu Santo tiene conocimiento. I Cor. 2:11
3. El Espíritu Santo tiene emociones. Efesios 4:30
4. El Espíritu Santo tiene su propia voluntad y él toma las decisiones. Hechos 16:6
5. El Espíritu Santo ama. Romanos 15:30

Cosas que solo una persona haría (una "fuerza" o "cosa" no):
1. Te enseña cosas acerca de Dios y de ti mismo. John 14:26
2. El dice la verdad. John 15:26
3. Guía. John 16:13
4. Convence. John 16:8
5. Ora por usted. Romanos 8:26-27
6. Manda. Hechos 13:2

El Espíritu Santo estaba en la escena mucho antes de que el día de Pentecostés:
- Él se movió sobre la faz de las aguas y era el agente activo en la creación. Jesús era la palabra, el Espíritu Santo se movió. Génesis 1:1; Génesis 1:2
- El Espíritu Santo nos dio la palabra de Dios. 2 Pedro 1:20-21
- El Espíritu Santo regenera nuestro espíritu cuando aceptamos a Jesucristo en nuestra vida. John 3:6

De hecho, el Espíritu Santo siempre ha trabajado mano a mano con Jesucristo:
- Su nacimiento. Mateo 1:20
- La vida y Ministerio de Jesús. Lucas 4:1; Lucas 4:18
- Su muerte y ofreciendo a sí mismo como el sacrificio perfecto. Hebreos 9:14
- La resurrección de Jesús – en realidad todos los 3 miembros de la divinidad tenía una parte en la resurrección! PADRE (Efesios 1:19-20); HIJO (John 10:18); ESPÍRITU SANTO (Romanos 1:4).

El propósito principal del Espíritu Santo es nos dicen sobre Jesús y le Glorifican. Juan 16:13-14

Pentecostés:
- Jesús dijo que era imperativo que vaya o no se enviaría el Espíritu. John 16:7
- Jesús consideró lo suficientemente importante como para que espere hasta que el espíritu vino a darles poder. Hechos 1:4-8
- Madre de Jesús necesitaba el bautismo del Espíritu Santo para ser un testigo eficaz. Hechos 1:14

En el día de Pentecostés, los creyentes que se reunieron en el aposento alto experimentaron un nuevo bautismo, que John que se refiere. Hechos 2:1-4

MINISTERIO DEL BAUTISMO
DEL ESPÍRITU SANTO

Hebreos 6:17	El propósito de Dios es inmutable, confirmado y garantizad
Mateo 28:20	Siempre está con nosotros a través del Espíritu Santo.
John 14:12, 18,	El Espíritu Santo nos permite hacer mayores obras que Jesús a través de la autoridad que Jesús nos da.
Hebreos 13:8	"Jesucristo es el mismo ayer, hoy y para siempre".

¿Quién es el Espíritu Santo?

Génesis 1:2, 26	El Espíritu Santo es la persona de la Trinidad de 3rd .
1 Corintios 12:11	Tiene una voluntad.
Efesios 4:30	Que tiene sentimientos.
Lucas 1:35	Concibió a Jesús.

Ministerio del Espíritu Santo

John 14:15-18	El Espíritu Santo se ha dado a nosotros que podemos dejar que Jesús trabaje en y a través de nosotros (nuestro único propósito en la vida es el Espíritu Santo en nuestro cuerpo y dejarle trabajar a través de nosotros que el padre podría ser glorificado en el hijo).
Romanos 8:26-27	Que él intercede por nosotros cuando no sabemos cómo orar.
John 14:16	El es nuestro ayudante y profesor.
John 16:8	El Espíritu Santo redarguye. No es nuestro lugar para juzgar a los demás; Estamos para que el Espíritu Santo les condene.
Efesios 4:30	El nos sella para el día de la redención.

1 Corintios 12:10-11	El distribuye sus dones de manifestación para nosotros.
Hebreos 10:15	El testigos nos (atestigua).
Romanos 8:11	El Espíritu Santo habita nosotros y da vida a nuestros cuerpos mortales.
Hechos 9:31	Que nos consuela.
Gálatas 5:22	El fructifica en nosotros.
John 16:4	Siempre el Espíritu Santo glorifica a Jesús.
1 Corintios 12:13 Hechos 1:5	El bautiza.
Hechos 1:8; Lucas 24:49	Que dota de poder.

Cinco cuentas en el libro de hechos del bautismo del Espíritu Santo

Hechos 2:4, Hechos 8:14-25, Hechos 9:17-20, Hechos 10:44-48, Hechos 19:1-7

Cómo recibir el bautismo del Espíritu Santo

(Jesús es el Bautizador del Espíritu Santo: Mateo 3:11; Marcos 1:8; Lucas 3:16)

Creo, Orar, Preguntar, Recibir

Más información sobre el bautismo en Espíritu Santo

Referencias de las escrituras

El día de Pentecostés	Hechos 2
Espíritu de poder, amor y un mente sana	2 Timoteo 1:7
Enviar otro consejero	John 14:15-20; John 16:7
Apagando el espíritu	1 Tesalonicenses 5:19-22
Recibir el Espíritu Santo	Juan 20:22
La profecía de	Joel 2:28-32
Probar los espíritus	1 Tesalonicenses 5:21; 1 John 4:1
Conoceréis por sus frutos	Mateo 7:15-20

- No hay ninguna lista completa... la Biblia no registra todas las experiencias posibles (John 21:25).

- Caer bajo la influencia del espíritu (Apocalipsis 1:17; Mateo 17:6; John 18:6; Hechos 9:4-8; Ezequiel 1:28, 3:23, 43:4, 44:4; Daniel 8:17-18; Daniel 10:8-9).

- Borracho en el espíritu (Hechos 2:15; 2 Corintios 5:18).

- Risa (Romanos 14:17; Gálatas 5:22; Salmo 126:2-3; 1 Pedro 1:8).

- Temblor (Daniel 8:17-18, 10:7-11; Mateo 17:6; Mateo 28:4).

- Temblor (Éxodo 19:16-18; Hechos 4:31; Isaías 6:4).

- Sin palabras (Daniel 10:15-19; Ezequiel 3:26; Lucas 1:22).

- Llanto (2 Crónicas 34:27; Oseas 12:4; Mateo 26:75; Lucas 19:41; 2 Corintios 7:10; Apocalipsis 5:4; Hebreos 5:7).

- Trances (Actos 10:10, 22:17; Números 24:3-4).

- Bolsillos de poder (1 Samuel 19:19-24).

- Viajar por el espíritu (Hechos 8:39-40; Ezequiel 3:14, 8:3, 11:24; 2 Corintios 12:1-4, Apocalipsis 4:1-2).

- Fuego (Éxodo 3:2, 24:17, 40:38; Levítico 9:24; Lucas 3:16; Hechos 2:3; 1 Tesalonicenses 5:19; Hebreos 12:29).

CONFESIONES TODOS LOS DÍAS

Querido en Cristo - Edificar su fe y reclamar las promesas de Dios para ti leyendo estas confesiones de palabra en voz alta de Dios (cuidadosamente y oración – con convicción) todos los días. Seguir haciendo hasta que son sus pensamientos de modo que usted puede utilizar la palabra contra Satanás para "llevar cautivo todo pensamiento" cuando él ataca tu mente! Para "confesar" es decir lo mismo que Dios, de modo que como la palabra transforma su mente, sus pensamientos se convierten en tus pensamientos! Confieso estos diarios al menos una vez, temprano en la mañana es mejor por lo que "armado y peligroso" cuando Satanás ataca durante el día! Antes de acostarse es bueno también así están protegidos mientras descansas.

- No soy sólo una hombre/mujer normal. Soy un hijo del Dios viviente.

- No soy sólo una persona; Yo soy un heredero de Dios y coheredero con Jesucristo. Yo no soy "sólo un viejo pecador", soy una nueva creación en Jesús, mi Señor. Soy parte de una generación elegida, real sacerdocio, nación Santa. Yo soy del pueblo de Dios. Soy suyo. ¡Yo soy un testimonio vivo de su gracia, misericordia y amor!

- Yo he sido crucificado con Cristo y ya no vivo, sino Cristo vive en mí! La vida que vivo en el cuerpo, vivo por la fe del hijo de Dios, que me amó y se entregó por mí. Cuando el diablo intenta resucitar el "viejo hombre", reprenderlo y recordarle que soy consciente de sus trucos, Señuelos, mentiras y engaños. El "viejo hombre" está muerto. Mi "nuevo hombre" sabe todas las cosas viejas pasaron - todas las cosas se han convertido en nuevos!

- No estoy bajo condenación o culpabilidad. Me niego a desaliento, pues no es de Dios. Dios es el Dios de todo estímulo. Por lo tanto no hay ahora ninguna condenación para los que en Cristo Jesús. Satanás es un mentiroso. No escucharán a sus acusaciones.

- Ceñir mi lomos de mi mente. Yo soy purificado en la sangre. Ninguna arma forjada contra mí prosperará, y hoy condeno toda lengua que se levantan contra mí en juicio. Yo soy aceptado en el amado. ¿Si Dios es por mí, quien puede estar contra mí?

- Mi mente está siendo renovada por la palabra de Dios. Tire hacia abajo de fortalezas; Echó por la imaginación; Llevar a cautivo todo pensamiento a la obediencia de Cristo.

- Como el padre ama a Jesús, así que Jesús me ama. Yo soy la justicia de Dios en Cristo. Yo no soy esclavo del pecado; Soy un esclavo de Dios y esclavo de la justicia. Continuar en su palabra; Conozco la verdad y practicar, por lo que la verdad me fija libre.

- Porque el hijo me libertare, soy verdaderamente libre. El que es nacido de Dios me mantiene, por lo tanto, el maligno no me toca. Yo he sido entregado fuera del Reino de las tinieblas. Ahora soy parte del Reino de la luz, el Reino de Dios. No sirvo pecado más de largo. El pecado no tiene ningún dominio sobre mí.

- No creeré mentiras del enemigo. No me intimidará. Él es un mentiroso y padre de la mentira. Satanás es derrotado. Para ello, el hijo de Dios vino a este mundo, para destruir las obras del diablo. Ya no se me oprime. Seguramente, opresión hace un sabio loco. Llego con el diablo. Lo derrotan por la sangre del cordero, por la palabra de mi testimonio en cuanto a lo que ha hecho para mí no amar mi vida, incluso a la muerte.

- Me voy a someter a Dios. Resisto al diablo y él huirá. Ninguna tentación que no es común superará al hombre. Dios es fiel y verdadero; No me dejará ser tentado más allá de mis fuerzas, pero con la tentación también proporcionará la vía de escape (Jesús) que yo pueda soportar.

- Estaré en la libertad con que Cristo ha hecho me libre. Donde está el espíritu del Señor, hay libertad-no libertad para hacer lo que "quieren", sino libertad para hacer lo que "Debería". La ley del espíritu de la vida en Cristo Jesús me ha libertado de la ley del pecado y la muerte.

- Nada me puede separar del amor de Dios que es en Cristo Jesús, mi Señor. ¡Espíritu Santo es mi guía, consolador, maestro y mejor amigo! Jesús es mi Protector, mi Libertador, mi recompensa, mi refugio, mi torre fuerte, mi pastor, mi luz, mi vida, mi consejero, mi roca, mi libertad! ¡Él es todo para mí!

- Cristo me hace triunfar. Reinará como rey en vida por medio de Cristo Jesús. Como una hombre joven, soy fuerte. La palabra de Dios permanece en mí, y yo he vencido al maligno. Soy más que vencedor en Cristo que me ama. Yo soy un vencedor. Yo soy invencible. Todo lo puedo en Cristo que me fortalece. Gracias sean dadas a Dios que me da la victoria por medio de Jesucristo, mi Señor!

Sabiduría y dirección confesiones
- El espíritu de la verdad permanece en mí y me enseña todas las cosas, y él me guía en todas las verdades. Por lo tanto, confieso que tengo perfecto conocimiento de cada situación y circunstancia que vengo contra, porque tengo la sabiduría de Dios. (John 16:13; Santiago 1:5)

- Confío en el Señor con todo mi corazón y no inclinarme ni confiar en mi propio entendimiento. En todos mis caminos lo reconozco, y dirige mi camino. (Proverbios 3:5-6)

- El Señor lo que me preocupa perfecto y cumplir con su propósito para mí. (Salmo 138:8)

- Dejo la palabra de Cristo more en mí ricamente en toda sabiduría. (Colosenses 3:16)

• Quiero seguir al buen pastor, y conozco su voz. La voz de un extranjero no voy a seguir. (Juan 10:4-5)

• Jesús se hacen a mí sabiduría, justicia, santificación y redención. Por lo tanto, confieso que tengo la sabiduría de Dios, y yo soy la justicia de Dios en Cristo Jesús. (I Cor. 1:30; II Cor. 5:21)

• Me llena con el conocimiento de la voluntad del Señor en toda sabiduría e inteligencia espiritual. (Colosenses 1:9)

• Soy una nueva creación en Cristo. Soy hechura suya creado en Cristo Jesús. Por lo tanto, tengo la mente de Cristo y la sabiduría de Dios es formada dentro de mí. (II Cor. 5:17; Efesios 2:10; I Cor. 2:16)

• Recibi el espíritu de sabiduría y de revelación en el conocimiento de él, los ojos de mi entendimiento está iluminado. Yo no estoy conformado a este mundo pero yo soy transformado por la renovación de mi mente. Mi mente es renovada por la palabra de Dios. (Efesios 1:17-18; Romanos 12:2)

Soy yo...
• Soy perdonado. (Col. 1:13-14)
• Soy salvo por gracia mediante la fe. (Efesios 2:8)
• Me Libero de los poderes de las tinieblas. (Col 1:13)
• Soy llevado por el espíritu de Dios. (ROM. 8:14)
• Me mantuve en seguridad donde quiera que vaya. (Salmo 91:11-12)
• Estoy dejando todas mis necesidades satisfechas por Jesús. (Fil. 4:19)
• Estoy echando todos mis cuidados en Jesús. (I Pedro 5:7)
• No estoy ansioso o preocupado por algo. (Fil. 4:6)
• Soy fuerte en el Señor y en el poder de su fuerza. (Efesios 6:10)
• Estoy haciendo todas las cosas en Cristo que me fortalece. (Fil. 4:13)

- Estoy observando y haciendo los mandamientos del Señor. (Deut. 28:13)
- Soy bendecido en y salir bendecido. (Deut. 28:6)
- Estoy sólo y no abajo. (Deut. 28: 13)
- Estoy bendecido con toda bendición espiritual. (Efesios 1:3)
- Yo soy sanado por sus llagas. (I Pedro 2:24)
- Soy más que vencedor. (Romanos 8:37)
- Yo soy un vencedor por la sangre del cordero y la palabra de mi testimonio. (Apocalipsis 12:11)
- Yo no soy movido por lo que veo. (II Cor. 4:8)
- Estoy caminando por fe y no por vista. (II Cor. 5:7)
- Estoy diariamente venciendo al diablo. (I John 4:4)
- Estoy echando abajo imaginaciones vanas. (II Cor. 10:4)
- Voy a traer todo pensamiento cautivo. (II Cor.10:5)
- Yo no estoy conformado a este mundo, pero yo estoy siendo transformado por renovar mi mente. (Romanos 12:1-2)
- Bendecir al Señor en todo momento y continuamente alabando al Señor con mi boca. (Salmo 34:1)
- Yo soy un hijo de Dios. (Romanos 8:16)

PERSONALIZADA ORACIONES DIARIAS

Querido en Cristo: Estos pasajes de las escrituras de Pablo, David y de Isaías han sido personalizados para usted. Son oraciones poderosas, por hombres poderosos, a los más poderosos. Como usted ora la palabra de Dios a él, él se complace, porque él nos dice que lo pusieron en recuerdo de su palabra. ¿Crees que tiene que ser recordado? ¿Como que se olvidó? No, nosotros somos los que necesitan recordar. Nosotros reclamamos estas promesas impresionantes para nosotros. Orar estos diarios como el espíritu que lleva. Serás bendecido ricamente haciendo así

En nombre de Jesús,
Te alabo Señor de mi alma. Desde mi ser más íntimo te alabo tu santo nombre. Te alabo Señor de mi alma. No olvidaré sus beneficios – usted perdono todos mis pecados y sano todas mis enfermedades. A redimido mi vida del hoyo y me coronó con su amor y compasión. Satisface mis deseos con cosas buenas para que mi juventud se renueva como un águila. Amén. **(Salmo 103:1-5)**

En nombre de Jesús,
Como yo habito al abrigo del Altísimo descansare a la sombra del omnipotente. A decir de ti, Señor, "eres mi refugio y mi fortaleza. Eres mi Dios y confiaré en ti". Seguramente usted me ahorrará del lazo del cazador y de la pestilencia mortal. Usted me cubrirá con sus plumas, y bajo tus alas encuentro refugio; su fidelidad será mi escudo y mi defensa.

No temeré el terror nocturno ni saeta que vuele de día, ni pestilencia que acecha en la oscuridad, ni la plaga que destruye a mediodía. mil caerán a mi lado, 10 mil a mi diestra, pero no vendrá cerca de mí.

Yo observe con mis ojos y a ver el castigo de los impíos. Voy a hacer la más alta mi vivienda – el Señor es mi refugio – para que ningún daño me caerá, ningún desastre vendrá cerca de mi tienda. Dios, te mando a sus ángeles para que me guardan en todos mis caminos; sobre sus manos me levantara, para que no se pulso mi pie contra una piedra.

Que banda de rodadura sobre el León y la cobra; Ya le pisotean el gran León y la serpiente.

Señor, usted dijo porque te amo, me rescatará. Protegerá, porque reconozco su nombre. Le pido a usted y usted responderá a mí; usted estará con mígo en problemas, me libraré y glorificaré su nombre. Con larga vida me satisface y me muestra su salvación. Amén. (Salmo 91)

En nombre de Jesús,
Ninguna arma forjada contra mi prevalecerá y se rechazo toda lengua que se me acusa. Esta es mi herencia como siervo del Señor, y este es mi reivindicación de usted. Amén. (Isaías 54:17)

En nombre de Jesús,
Yo sigo pidiendo que tú, Dios de mi Señor Jesucristo, mi padre glorioso, me dé espíritu de sabiduría y de revelación que yo sepa lo mejor. Ruego también que pueden iluminar los ojos de mi corazón para que yo sepa la esperanza a la que usted me ha llamado, la riqueza de su gloriosa herencia en los Santos y su incomparablemente gran poder para nosotros los que creemos. Ese poder es como el trabajo de su fuerza poderosa, que ejerció en Cristo cuando le levantó de los muertos y le sentó a mano derecha en los reinos celestiales, sobre todo regla y autoridad, poder y dominio, y cada título que puede ser dado, no sólo en la edad presente, sino también en el por venir. Y tú, Dios, colocó todas las cosas bajo sus pies y lo designó para ser sobre todo para la iglesia, que es su cuerpo, la plenitud de aquel que llena todo en todos los sentidos. Amén. (Efesios 1:17-23)

En nombre de Jesús,
Ruego que de su gloriosa riqueza puede fortalecerme con poder a través de tu espíritu en mi ser interior, para que Christ more en mi corazón por la fe. Y te suplico que como estoy arraigada y fundada en el amor, puedo tengo poder, junto con todos los Santos, a comprender lo ancho y largo y alto y profundo es el amor de Cristo, y que yo sepa este amor que sobrepasa el conocimiento, que puede ser llenado a la medida de su plenitud.

Ahora a ti, Dios, que es capaz de inmensurablemente más que todos yo pedir o imaginar, según su poder que está dentro de mí, le sea la gloria en la iglesia y en Cristo Jesús a lo largo de todas las generaciones, para siempre jamás! Amén. (Efesios 3:16-21)

En nombre de Jesús,
Esto también es mi oración: que mi amor abunde más y más en conocimiento y profundidad de penetración, para que yo pueda discernir lo que es mejor y puede ser puro y sin mancha hasta el día de Cristo, llenado con el fruto de justicia que viene por medio de Jesucristo, la gloria y alabanza a ti, Dios. Amén. (Filipenses 1:9-11)

En nombre de Jesús,
Pido que me llene con el conocimiento de su voluntad con toda sabiduría espiritual y entendimiento. Pido esto para que yo pueda vivir una vida digna del Señor Jesús y agradarle en todos los sentidos: dando fruto en toda buena obra, crecer en el conocimiento de ti, Dios, por lo que yo puedo fortalecido con todo poder según su glorioso puede para que yo pueda tener gran resistencia y paciencia y con alegría damos gracias. Amén. (Colosenses 1:9b-11)